CB133508

O PAPEL DAS ORGANIZAÇÕES INTERNACIONAIS NA GARANTIA DO DESENVOLVIMENTO SUSTENTÁVEL:

a releitura da atuação das sociedades empresárias

Coleção

ADA PELLEGRINI GRINOVER

Volume III

HENRIQUE ROCHA PENIDO

O PAPEL DAS ORGANIZAÇÕES INTERNACIONAIS NA GARANTIA DO DESENVOLVIMENTO SUSTENTÁVEL:
a releitura da atuação das sociedades empresárias

Coleção
ADA PELLEGRINI GRINOVER

coordenadores
Luiz Manoel Gomes Júnior
Luana Pedrosa de Figueiredo Cruz

Volume III

GZ EDITORA

Universidade de Itaúna

Rio de Janeiro
2017

1ª edição – 2017

© *Copyright*
Henrique Rocha Penido
Luiz Manoel Gomes Júnior
Luana Pedrosa de Figueiredo Cruz

CIP – Brasil. Catalogação-na-fonte.
Sindicato Nacional dos Editores de Livros, RJ.

P458p

Penido, Henrique Rocha
O papel das organizações internacionais na garantia do desenvolvimento sustentável : a releitura da atuação das sociedades empresárias / Henrique Rocha Penido; coordenação Luiz Manoel Gomes Júnior, Luana Pedrosa de Figueiredo Cruz. - 1. ed. - Rio de Janeiro: LMJ Mundo Jurídico, 2017.

132 p.; 24 cm. (Ada Pellegrini Grinover; 3)

Inclui índice
ISBN: 978-85-9524-004-9

1. Direitos fundamentais. I. Gomes Júnior, Luiz Manoel. II. Cruz, Luana Pedrosa de Figueiredo. III. Título. IV. Série.

16-38334 CDU: 342.7

O titular cuja obra seja fraudulentamente reproduzida, divulgada ou de qualquer forma utilizada poderá requerer a apreensão dos exemplares reproduzidos ou a suspensão da divulgação, sem prejuízo da indenização cabível (art. 102 da Lei nº 9.610, de 19.02.1998).

Quem vender, expuser à venda, ocultar, adquirir, distribuir, tiver em depósito ou utilizar obra ou fonograma reproduzidos com fraude, com a finalidade de vender, obter ganho, vantagem, proveito, lucro direto ou indireto, para si ou para outrem, será solidariamente responsável com o contrafator, nos termos dos artigos precedentes, respondendo como contrafatores o importador e o distribuidor em caso de reprodução no exterior (art. 104 da Lei nº 9.610/98).

As reclamações devem ser feitas até noventa dias a partir da compra e venda com nota fiscal (interpretação do art. 26 da Lei nº 8.078, de 11.09.1990).

Reservados os direitos de propriedade desta edição pela
GZ EDITORA

contato@editoragz.com.br
www.editoragz.com.br

Av. Erasmo Braga, 299 – Sala 202 – 2º andar – Centro
CEP: 20020-000 – Rio de Janeiro – RJ
Tels.: (0XX21) 2240-1406 / 2240-1416 – Fax: (0XX21) 2240-1511

Impresso no Brasil
Printed in Brazil

À minha esposa Ana Virgínia, com amor, admiração e gratidão por sua compreensão, carinho, presença e incansável apoio ao longo do período de elaboração deste trabalho.

À Profa. Dra. Susana Camargo Vieira, dileta amiga, que nos anos de convivência muito me ensinou, contribuindo para meu crescimento científico e intelectual.

Agradecimentos

A Deus por me amparar nos momentos difíceis, me dar força interior para superar as dificuldades, mostrando o caminho nas horas incertas e suprindo todas as minhas necessidades.

À minha família, a qual amo muito, pelo carinho, paciência e incentivo. Agradeço especialmente aos meus pais, Paulo e Ana, e ao meu irmão, Bruno, que sempre estiveram ao meu lado.

À minha amada esposa Ana Virgínia, pela sua dedicação e apoio.

À minha querida amiga e orientadora, Profa. Dra. Susana Camargo Vieira, pelos ensinamentos de vida e de direito.

Aos Professores Arnaldo de Souza Ribeiro e Giovanni Vinicius Caetano e Silva, pelos incentivos constantes durante a graduação e por terem me apresentado à pesquisa científica.

A todos os professores e colegas do Mestrado em Direitos Fundamentais da Universidade de Itaúna.

Aos companheiros do Rotary de Itaúna, por aceitarem e compreenderem minha ausência durante o período deste Mestrado.

A todos os amigos que fizeram parte desses momentos, sempre me ajudando e incentivando, em especial aos senhores Antônio Santos Salera, Dilson Fonseca e Fernando César de Freitas Nogueira.

Resumo

As sociedades empresárias, durante muitos anos, fizeram oposição ao desenvolvimento sustentável. Isso mudou a partir de três grandes conferências mundiais da Organização das Nações Unidas sobre o meio ambiente e o desenvolvimento sustentável (Rio 92, Joanesburgo 2002 e Rio+20). Com isso, as organizações internacionais assumiram papel de destaque no desenvolvimento sustentável. Pode-se dizer que as sociedades empresárias, conscientizadas das vantagens de uma mudança de posição, estão passando da oposição à liderança na efetivação dos direitos fundamentais, proteção ambiental e sustentabilidade. Este trabalho, partindo de uma perspectiva jurídica, mas levando em conta o caráter essencialmente transdisciplinar do tema, recorreu a pesquisas qualitativas de bibliografia nacional e internacional (a exemplo dos relatórios dos diferentes Comitês Internacionais da International Law Association), artigos em periódicos e publicações sobre eventos pertinentes, buscando determinar quando, por qual motivo e em que medida houve a mudança no paradigma empresarial de produção e desenvolvimento. Assim, esta pesquisa procura respostas para as seguintes perguntas: como o conceito de desenvolvimento sustentável foi assimilado pelas sociedades empresárias? Como se pode medir ética e responsabilidade social empresarial usando indicadores e relatórios de sustentabilidade? Qual o impacto das Organizações Internacionais e das diversas conferências mundiais sobre a conduta das sociedades empresárias? Qual o papel de suas associações de classe? E, por fim (o que prova o interesse social do tema), qual a importância das sociedades empresárias enquanto players da governança global? Ao final, algumas conclusões.

Palavras chave: Sociedades empresárias. Desenvolvimento Sustentável. Responsabilidade Empresarial. Direitos Fundamentais. Organizações Internacionais. Governança Global.

Abstract

Business, for many years, opposed the idea of sustainable development. This started to change with the three main UN Conferences which focused the environmental issue as fundamental for sustainable development. (Rio 92, Johannesburg 2002 and Rio+20). It would seem feasible to say that nowadays Business, aware of the advantages of a change in mind, is moving from opposition to leadership in implementing fundamental rights, environmental protection and sustainability practices. This study approaches the subject from a legal perspective, but taking into account the essentially transdiciplinary character of the theme. In this quest, national and international bibliography (i.a. reports on the work of the different International Committees of the International Law Association dealing with sustainable development), as well as articles and publications concerning events on the subject published in different media, were reviewed, The basic question was if, why and in which measure this process led to a change in the production and development Bussiness paradigm. The three main questions asked were: how (and if) was the concept of sustainable development assimilated by Business? How can one measure business ethics and social responsibility by using sustainability indexes and reports? What impact did International Organizations and the international conferences have on business conduct? What role did business class associations play? And (which proves the social importance of the theme) what is the importance of present day Business as a player in global governance? Some conclusions follow.

Key words: business. Sustainable Development. Corporate Social Responsibility. Fundamental Rights. International Organizations. Global Governance.

Sobre o autor

– Mestre em Proteção dos Direitos Fundamentais pela Universidade de Itaúna – MG.

– Pós-graduado em Processo Civil pela Pontifícia Universidade Católica de Minas Gerais.

– Advogado.

Apresentação

A produção científica, no Direito, se revela por meio de publicações. É através de ensaios, artigos, comentários e livros, que os estudiosos apresentam suas idéias, suas críticas ao sistema, suas reflexões a respeito daquilo que se pode fazer de melhor, no Direito.

Nos Direitos Fundamentais, tais estudos se consubstanciam no grande elo dos estudiosos do Direito com a sociedade que, afinal, é a real destinatária de todos os esforços que se façam para a melhoria dos métodos de prestação do serviço jurisdicional do Estado.

A Editora GZ tem uma política ampla na difusão do saber jurídico. Sua história é pautada pela busca da excelência, pela vontade firme e contínua de contribuir para a construção da Nação que todos queremos, pela via da difusão do pensamento jurídico.

A Universidade de Itaúna cumpre seu papel social com extrema coragem e determinação. Com destemor, investiu na construção de um Programa de Mestrado inovador e contemporâneo.

E o resultado é evidente: contribui a Universidade de Itaúna, por seu Programa de Pós-graduação *stricto sensu*, para a difusão de idéias voltadas ao aprimoramento da defesa dos Direitos Fundamentais e na estruturação do Sistema Único de Processos Coletivos.

Foi nesse contexto que nasceu o Mestrado em Direitos Fundamentais, com duas linhas de pesquisa: Direito Processual Coletivo e Efetividade dos Direitos Fundamentais, Organizações Internacionais e Proteção dos direitos Fundamentais.

Nada mais feliz e oportuno, portanto, do que a junção de esforços de uma e de outra dessas instituições: Editora GZ e a Universidade de Itaúna.

O resultado deste esforço conjugado, dessa união de propósitos convergentes, apresenta-se ao público leitor por meio de livros gerados no ambiente do Programa de Mestrado, como dissertações cuidadosamente escolhidas pelos respectivos orientadores e coordenadores da coletânea, sem dispensar a chancela da própria homenageada. Anote-se, ainda, que muitos outros, de igual envergadura, com a mesma densidade, certamente virão.

Quando pensamos na criação da coletânea, imediatamente concordamos que não poderia ser outra a homenageada, senão a Professora Ada Pellegrini Grinover indiscutível autoridade na defesa dos direitos fundamentais.

Ada Pellegrini Grinover (Nápoles, 1933) é uma jurista ítalo-brasileira, formada pela Faculdade de Direito da Universidade de São Paulo em 1958 e Procuradora do Estado de São Paulo aposentada. Ada Pellegrini, junto de outros grandes nomes como Miguel Reale, Maria Helena Diniz e o Professor Goffredo Telles Jr. participaram ativamente na elaboração da moderna legislação do país, contribuindo de forma decisiva para o atual desenvolvimento social e jurídico brasileiro. São professores pertencentes a série dos "Titãs" e que obedecem a técnicas de indução ao raciocínio lógico possibilitando o aprendizado de maneira ordenada e com bastante permeabilidade.

Obteve um doutorado em direito pela Faculdade de Direito da Universidade de São Paulo em 1970, instituição da qual se tornou livre-docente em Direito Processual Civil em 1973

Tornou-se professora titular em 1980 e aposentou-se em 2003. É também doutora *honoris causa* pela Universidade de Milão e membro da Academia Paulista de Letras.

A terceira obra da coleção, de autoria do Advogado e Professor Henrique Rocha Penido é intitulado O PAPEL DAS ORGANIZAÇÕES INTERNACIONAIS NA GARANTIA DO DESENVOLVIMENTO SUSTENTÁVEL: a releitura da atuação das sociedades empresárias. O título descreve bem o conteúdo do trabalho, que é bastante atual, e de interesse geral, não somente para os operadores do direito mas para os empresários que se interessam em uma administração sócio ambientalmente responsável.

Reforçamos, aqui, a ideia existente desde o primeiro volume, de que, em um futuro próximo, abra-se espaço para a integração com outros Programas de Mestrado e Doutorado pois a finalidade maior é a difusão de idéias.

Para nós, lançar o terceiro volume desta coleção é objeto de grande orgulho, pois representa consolidação de um projeto em que acreditaram a GZ e a Universidade de Itaúna, repetindo um momento de profunda alegria e enorme orgulho.

Itaúna, setembro de 2016.

Luiz Manoel Gomes Júnior
(luizm@luizmconsultoria.com.br)

Luana Pedrosa de Figueiredo Cruz
(luanapedrosa@uol.com.br)
Coordenadores

Prefácio

Conheci socialmente Henrique Rocha Penido por volta de 2008. Acabava de chegar a Itaúna, contratada pelo Programa de Mestrado em Direito da Universidade de Itaúna, em 2007 – e ele, ainda cursando a Graduação em Direito, já era ativo no Rotary, trabalhava na área, se interessava por Direito Internacional e discutia comigo a questão da responsabilidade social da empresa. Em 2011 foi selecionado pelo Programa de Mestrado da Universidade de Itaúna; escolheu a linha de pesquisa "Organizações Internacionais e a Proteção dos Direitos Fundamentais"; e virou meu aluno e Orientando.

Foi meu aluno em duas disciplinas – primeiro em Desenvolvimento Sustentável e em seguida em Organizações Internacionais. Meu saudoso amigo Geraldo Eulálio do Nascimento e Silva (o primeiro a escrever sobre Direito Internacional do Meio Ambiente no Brasil), grande autor internacionalista e diplomata, costumava dizer (e acho que evocava Patton) que, quando se quer ter certeza de que alguma coisa será mesmo feita, deve-se procurar alguém bastante ocupado para desempenhar a tarefa.

Henrique se provou esse tipo de pessoa – muito organizado e interessado, participou ativamente dos dois cursos e de nosso Grupo de Pesquisa sobre Organizações Internacionais e Desenvolvimento Sustentável. Escreveu artigos, participou de congressos e trabalhos em campo; organizou mesmo um dia inesquecível de visita a uma mineradora local (Mineirita) para nos mostrar que a atividade de mineração também pode ser social e ambientalmente responsável (e converteu o grupo todo!). Foram dois anos de constante convivência acadêmica e de muita discussão frutífera.

Sempre se interessou por meu trabalho nos diferentes Comitês e Grupos de Estudo Internacionais da ILA (*International Law Association*), que discutiam a evolução e implementação do conceito de Desenvolvimento Sustentável, a questão da Responsabilidade Social da Empresa e, já ao final, Empresa e Desenvolvimento Sustentável. Escrevemos, juntos, artigos sobre a batalha legal (perdida, mas bravamente lutada por juristas e organizações da sociedade civil conscientes do imperativo do desenvolvimento sustentável/direitos humanos) que foi a construção da Usina de Belo Monte (agora infelizmente de volta ao noticiário político/jurídico, investigada por corrupção), um exemplo de desenvolvimento insustentável; e também sobre empresa, responsabilidade social e lei anti-corrupção, para um livro publicado na China.

Henrique continua acreditando em, e trabalhando com, Direito Empresarial e Internacional, procurando por em prática o que estudou e aprendeu desde sua admissão ao Mestrado. Por isso a publicação de seu trabalho (defendido em 2013) continua oportuna.

Em 1992, quando o Rio de Janeiro sediou a primeira Conferência Internacional da Organização das Nações Unidas sobre Meio Ambiente e Desenvolvimento, uma grande novidade foi o engajamento do Conselho Mundial Empresarial para o Desenvolvimento Sustentável (*World Business Council for Sustainable Development*), e, aqui, de seu ramo/congênere brasileiro, o Conselho Empresarial Brasileiro para o Desenvolvimento Sustentável (CEBDS).

O CEBDS vem, desde então, pregando e lutando por "uma mudança completa de mentalidade" por parte das empresas. No Brasil, Fernando Almeida começou sua série de livros com "O Bom Negócio da Sustentabilidade" . Henrique segue e discute esse percurso em todas as Conferências da ONU sobre Desenvolvimento Sustentável – do Rio a Joanesburgo, culminando novamente no Rio, em 2012, com a Rio+20.

O Autor acompanha e discute o percurso internacional da questão. Mas vai além, situando-a no contexto constitucional brasileiro; aprofunda a discussão ética que, infelizmente, muitas vezes não recebe a atenção que deveria; e busca mostrar (e explicar) que hoje já dispomos de mecanismos (nacionais e internacionais) que permitem uma avaliação mais objetiva do efetivo (ou não...) engajamento das empresas enquanto socialmente responsáveis/ sustentáveis.

Desde 2011 participo de um projeto/programa internacional muito interessante, *Earth System Governance* (Governança do Sistema da Terra), que, reunindo principalmente cientistas políticos, sociólogos, cientistas naturais – mas também alguns do ramo do direito – estuda a questão da governança no que se refere à necessária interação de diferentes mecanismos, experiências e pesquisas que tratam dos efeitos das mudanças climáticas sobre o planeta.

A discussão se faz a partir dos cinco "eixos" identificados como "os cinco A" (já que todos, na língua inglesa, começam com a letra A): o dos Agentes (que incluem Estados e organizações não estatais, e aí entramos no papel das empresas...); o da Adaptabilidade (às consequências mas também na prevenção): o da Arquitetura (dessa nova estrutura); o da Responsabilidade (*accountability* em inglês); e, finalmente, o da Alocação e Acesso (de e a bens e recursos).

Espero que algum dia o Autor se anime a publicar, na língua inglesa (já que o Esperanto não deu certo...), uma versão atualizada, beneficiando-se de sua experiência profissional nesses últimos três anos. Nossas boas práticas merecem ser divulgadas e compartilhadas (e o projeto *Earth System Governance* existe para isso); e não podemos nos esquecer da responsabilidade do Brasil, ainda (e apesar do desperdício e má gestão) um dos países mais importantes para a segurança ambiental do planeta, detentor de grande parte dos recursos hídricos e minerais ainda existentes.

O empresário inteligente antevê mudanças na sociedade (com todas as suas falhas e imperfeições, é a alternativa existente à barbárie), que se espera venha a tornar-se, mais cedo do que tarde, uma comunidade... nacional e internacional. A empresa tem hoje que pensar globalmente, e agir localmente. Tem que ser Agente da mudança necessária. Adaptar-se, para não ser extinta? Advogados e Consultores dessas empresas têm que tomar consciência de sua grande responsabilidade em ajudar esse empresário, que percebe para onde sopram os ventos da mudança, a desempenhar o papel que podem (e devem) nesse processo de construção de um mundo novo.

Este livro interessa a empresários, pois pode – e deve - despertá-los para oportunidades em tempo de crise, e mesmo, ensinar-lhes "o caminho das pedras". Sua leitura é fácil, não está escrito em "juridiquês"; usa uma linguagem clara e traz exemplos e explicações interessantes. Espero que meu Amigo e pupilo Henrique Rocha Penido se mantenha fiel aos ideais da juventude, temperando-os com os anos de prática – e se torne, a exemplo de Fernando Almeida, um ativista da Causa, no CEBDS. Boa leitura...e passe adiante a mensagem, por favor?

Campinas, 13 de setembro de 2016.

Susana Camargo Vieira
Mestre e Doutora pela FD da USP em Direito Internacional
Vice-Presidente do Ramo Brasileiro da *International Law Association*
Leading Faculty do Projeto *Earth System Governance*

ABREVIATURAS

BOVESPA	Bolsa de Valores, Mercadorias e Futuros de São Paulo
GVCes	Centro de Estudos em Sustentabilidade
CERES	*Coalition for Environmentally Responsible Economies*
CNUDS ou Rio+20	Conferência das Nações Unidas sobre Desenvolvimento Sustentável
Rio 92 ou Eco 92	Conferência das Nações Unidas sobre Meio Ambiente e Desenvolvimento
CEBDS	Conselho Empresarial Brasileiro para o Desenvolvimento Sustentável
FGV	Fundação Getúlio Vargas
FMI	Fundo Monetário Internacional
GRI	Global Reporting Iniciative
ISE	Índice de Sustentabilidade Empresarial
IBGC	Instituto Brasileiro de Governança Corporativa
IBRACON	Instituto dos Auditores Independentes do Brasil
ETHOS	Instituto Ethos de Empresas e Responsabilidade Social
ILA	International Law Association
MPMG	Ministério Público de Minas Gerais
NUCAM	Núcleo de Resolução de Conflitos Ambientais
ONU	Organização das Nações Unidas
ONG	Organização Não Governamental
PNUD	Programa das Nações Unidas para o Desenvolvimento
PNUMA	Programa das Nações Unidas para o Meio Ambiente
WBCSD	World Business Council for Sustainable Development

Sumário

1
Introdução

A presente dissertação tem como objetivo de estudo o papel das organizações internacionais na garantia do desenvolvimento sustentável, com a releitura da atuação das sociedades empresárias. Buscou-se descobrir, desde o início das pesquisas, se houve e qual foi a mudança do posicionamento empresarial frente às diversas conferências internacionais realizadas sobre meio ambiente e sustentabilidade.

Os conceitos tradicionais utilizados pelo direito para efetivar a proteção ambiental não mais se sustentam. A sobrevivência dos seres vivos na Terra, incluindo o homem, depende da capacidade deste em respeitá-la. Na medida em que evolui o conceito de ambiente e desenvolvimento sustentável, concomitantemente com a evolução da sociedade humana, aumenta o alcance e a necessidade de garantia dos direitos fundamentais.

Sob este novo prisma a compreensão do paradigma do Estado Democrático de Direito e da teoria dos direitos fundamentais, segundo a nova *summa divisio* constitucionalizada, revela-se imprescindível para que se obtenha uma tutela jurídica ambiental mais efetiva e humanizada.

Diante dos inúmeros acordos e protocolos internacionais ratificados pelo Brasil houve a necessidade das sociedades empresárias privadas brasileiras aplicarem o conceito de desenvolvimento sustentável ambiental para se adequarem ao ordenamento jurídico interno, evitando autuações de órgãos administrativos, consolidando sua participação no mercado consumidor verde e, consequentemente, aumentando sua lucratividade.

As organizações internacionais desempenharam um papel fundamental na mudança de comportamento das sociedades empresárias privadas e na implementação do desenvolvimento sustentável enquanto direito fundamental. Buscou-se então estudar a aplicação do princípio do *desenvolvimento sustentável* perante as sociedades empresárias, a partir do Relatório *Brundtland.*

O Relatório *Brundtland*, segundo Nico Schrijver, foi de fundamental importância para a disseminação do conceito de desenvolvimento sustentável por todo o mundo, sendo introduzido na agenda internacional, em 1987, através do relatório da Comissão Mundial sobre Meio Ambiente e Desenvolvimento – Nosso Futuro Comum. A comissão (também conhecida como Comissão Brundtland) definiu o desenvolvimento sustentável como "o desenvolvimento que satisfaz as necessidades do presente sem comprometer a capacidade das gerações futuras satisfazerem as suas próprias necessidades"[1] [2].

Para Susana Camargo Vieira o *desenvolvimento sustentável* entrou na pauta da agenda internacional de discussões a partir da Conferência das Nações Unidas sobre Meio Ambiente e Desenvolvimento, denominada Rio 92[3].

Em 1992, vinte anos após a realização da primeira conferência sobre o meio ambiente[4], a Conferência das Nações Unidas sobre Meio Ambiente e Desenvolvimento (Rio 92 ou Eco 92) consagrou o conceito de *desenvolvimento sustentável* e contribuiu para a mais ampla conscientização acerca dos danos ambientais advindos do modo de produção industrial e da necessidade das atividades empresárias tornarem-se sustentáveis.

Os reflexos da Rio 92 no setor empresarial foram imediatos e de amplitude global, sendo que três anos após a Rio-92 e a apre-

---

1 Todas as citações que serão realizadas neste trabalho serão transcritas *ipsis litteris* de acordo com a ortografia vigente da época do texto em questão. Contudo, a parte textual efetuada pelo pesquisador seguirá as regras da nova ortografia acordada em 2004.

2 SCHRIJVER, Nico. *Development without destruction*: the Un and global resource management. Bloomington/Indiana: Indiana University Press, 2010. 328 p. Disponível em: <http://www.globalpolicyjournal.com/blog/03/01/2014/book-review-development-without-destruction-un-and-global-resource-management-nico-s>.Acesso em: 08 Jun. 2013.

3 VIEIRA, Susana Camargo. Desenvolvimento sustentável. A evolução do conceito. *Jus Navigandi*, Teresina, ano 13, n. 1961, 13 nov. 2008 . Disponível em: <http://jus.com.br/artigos/11961>. Acesso em: 2 Ago. 2012.

4 A Conferência de Estocolmo, realizada em junho de 1972, foi o primeiro grande evento sobre meio ambiente realizado no mundo.

sentação do relatório Mudando o Rumo, foi criado na Suíça o World Business Council for Sustainable Development (WBCSD). Nascido de uma fusão do WBCSD com outra organização empresarial voltada para as questões do meio ambiente, World Industry Council for the Environment (WICE), o WBCSD cresceu rapidamente em número de membros, abrangência geográfica e poder de fogo. Seis anos depois, já reunia 150 gigantescas corporações espalhadas por 30 países e donas de um faturamento de US$ 4,5 trilhões, ou 20% do PIB mundial[5].

No Brasil, um dos primeiros resultados gerados pelo World Business Council for Sustainable Development (WBCSD) foi a criação do Conselho Empresarial Brasileiro para o Desenvolvimento Sustentável (CEBDS) em 5 de março de 1997.

Corroborando a importância do Conselho Empresarial, Susana Camargo Vieira ressalta que o mesmo "congregating the most expressive business (in all areas of activity) groups in Brazil, its website says its members answer for 40% of the total GNP and are responsible for about 600,000 direct jobs – not to mention indirect ones"[6].

Após a realização da Conferência das Nações Unidas sobre Meio Ambiente e Desenvolvimento, em 1992, ainda foram realizadas a Cúpula Mundial sobre Desenvolvimento Sustentável (em Joanesburgo, 2002) e a Conferência das Nações Unidas sobre Desenvolvimento Sustentável (no Rio de Janeiro, 2012). Todas as Conferências discutiram a renovação do compromisso mundial com o desenvolvimento sustentável.

Outro importante documento internacional sobre o meio ambiente foi lançado em 2002 pela International Law Association (ILA). Denominada Declaração de Nova Delhi sobre os Princípios do Direito Internacional relativos ao Desenvolvimento Sustentável, o documen-

---

5 ALMEIDA, Fernando. *O bom negócio da sustentabilidade*. Bonsucesso: Nova Fronteira, 2002. Disponível em: <http://www.fernandoalmeida.com.br/livros/livro-fernando-almeida-sustentabilidade .pdf>.

6 VIEIRA, Susana Camargo. *"Good governance" and global change looking at agents in brazil:* govenance as a crosscutting theme in human dimensions science. *International Human Dimensions Programme Update*. EUA, Ed 3, ISSSN 1727-155X, Nov. 2009. p. 65/68. Tradução do autor: Congregando grupos expressivos no Brasil (em todas as áreas de atividades), o seu site diz que seus membros respondem por 40% do PIB total e são responsáveis por cerca de 600.000 empregos diretos – sem contar os indiretos.

to define sete subprincípios jurídicos que atuam na implementação do desenvolvimento sustentável.

Dez anos depois, durante a Conferência realizada no Rio de Janeiro, em 2012, as Nações Unidas reconheceram a importância do setor privado, notadamente de grupos empresariais, em colaborar para a efetivação do desenvolvimento sustentável. Reafirmou-se ainda a necessidade de uma governança global para a preservação ambiental.

Para Norma Sueli Padilha, a proposta constante dos princípios da Declaração de Estocolmo de 1972, reafirmada nas Conferências mundiais de 1992, 2002 e 2012, foi um início de proposta de uma nova postura ética e jurídica da humanidade diante da catástrofe ambiental[7].

É indiscutível que o problema ambiental deve ser analisado sob a perspectiva global. Indiscutível, também, que nenhum país conseguirá, sozinho, resolver este problema.

Nesse mesmo sentido, destaca Susana Camargo Vieira:

> The UN (Organization of the United Nations) declares the inherent dignity of all human beings – something that must be taken seriously by all its Member States. This dignity is now under threat given unsustainable levels of production and consumption in a planet which resources are finite. The environmental issue is, per se, of international character. No UN Member State will solve it alone[8].

Diante da necessidade mundial de se preservar o meio ambiente e equacionar seus problemas, governos, sociedades empresárias e membros diversos do setor civil viram-se diante de uma nova, a *governança global*.

---

7 PADILHA, Norma Sueli. *Fundamentos constitucionais do direito ambiental brasileiro*. Rio de Janeiro: Elsevier, 2010, p. 429/430

8 VIEIRA, Susana Camargo, *et al*. *Solid waste management*. From unruled to legally sustainable management... but how to address the social consequences? A case study. Disponível em: http://tokyo2013.earthsystemgovernance.org/wp-content/uploads/2013/01/VIEIRA_*et-al*.pdf. Acesso em 15 Jul. 2013. Tradução do autor: A ONU (Organização das Nações Unidas) declara a dignidade inerente a todos os seres humanos – algo que deve ser levado a sério por todos os seus Estados-Membros. Esta dignidade está agora sob ameaça, dado níveis insustentáveis de produção e consumo em um planeta que os recursos são finitos. A questão ambiental é, por si só, de caráter internacional. Nenhum Estado-Membro da ONU vai resolvê-lo sozinho.

A definição de governança pela Comissão sobre Governança Global é bastante ampla, englobando a totalidade das diversas maneiras pelas quais os indivíduos e as instituições, públicas e privadas, administram seus problemas comuns.

Como um importante ator na busca pelo desenvolvimento sustentável, o setor empresarial colabora para o alcance pleno da governança global e sustentabilidade.

Durante o presente trabalho foi possível realizar uma análise sistemática, no que concerne ao desenvolvimento sustentável, da atuação empresarial ao longo dos últimos quarenta anos, desde a realização da Conferência de Estocolmo em 1972.

Estruturado sobre a linha 02 do Programa de pós-graduação *stricto sensu* do mestrado em direito da Universidade de Itaúna: **organizações internacionais e proteção dos direitos fundamentais, tendo como** área de concentração a proteção dos direitos fundamentais; destacou-se neste trabalho o papel das organizações internacionais na garantia do desenvolvimento sustentável, a partir do prisma de releitura da atuação das sociedades empresárias.

A pesquisa tem como problema principal gerador de seu desenvolvimento a seguinte indagação: "Qual é o papel das organizações internacionais na garantia do desenvolvimento sustentável sob o prisma da atuação das sociedades empresárias?"

Em razão da complexidade do objeto da pesquisa foi realizada uma investigação multidisciplinar, abarcando aspectos da Sociologia Jurídica, Ecologia, Engenharia Ambiental Integrada e Gestão Ambiental Empresarial.

O objetivo geral da pesquisa era demonstrar o papel das organizações internacionais na efetivação do direito fundamental – desenvolvimento sustentável – realizando a releitura da atuação empresarial durante os últimos quarenta anos, desde a realização da Conferência de Estocolmo. Dentre os objetivos específicos, destaca-se a análise:

> 1) de tratados e relatórios internacionais sobre o desenvolvimento sustentável;
> 2) da internacionalização do conceito de desenvolvimento sustentável pelo Brasil;
> 3) da aplicabilidade do desenvolvimento sustentável frente à nova *Summa divisio* constitucionalizada e a teoria dos direitos fundamentais.

Sob o referencial do Estado Democrático de Direito, e segundo a nova *Summa divisio* constitucionalizada proposta por Gregório Assagra de Almeida, foi possível analisar o desenvolvimento sustentável, sob o enfoque das organizações internacionais, e as mudanças decorrentes de sua aplicabilidade perante as sociedades empresárias e comunidades em que estão inseridas.

Acreditando que o meio ambiente saudável figura-se como o mais típico direito difuso transindividual e fundamental, de natureza essencialmente coletiva; apenas a melhor compreensão em torno do Estado Democrático de Direito e da própria teoria dos direitos fundamentais pode fomentar o aperfeiçoamento e a efetivação deste direito fundamental.

O método principal de pesquisa utilizado foi a dogmática jurídica. Foram realizadas pesquisas qualitativas em bibliografia nacional e internacional buscando referenciais sobre o posicionamento empresarial durante as conferências mundiais sobre meio ambiente, bem como a mudança no paradigma industrial na efetivação dos direitos fundamentais. A metodologia foi baseada principalmente na pesquisa bibliográfica de obras, artigos em periódicos e publicações sobre eventos relacionadas ao tema em estudo.

Realizando pesquisas descritivas, pudemos determinar quando e por qual o motivo as sociedades empresárias passaram da oposição à liderança na efetivação dos direitos fundamentais, no que concerne à proteção ambiental e a sustentabilidade.

O texto começa com o estudo, no primeiro capítulo, do conceito de *desenvolvimento sustentável*, da internacionalização deste conceito, e da correlação entre sustentabilidade e direitos fundamentais.

No segundo capítulo é abordada a questão da ética ambiental, responsabilidade social empresarial e a mensuração da sustentabilidade através de indicadores e relatórios nacionais e internacionais.

O capítulo seguinte destaca a evolução da atuação empresarial na efetivação dos direitos fundamentais, através de três conferências mundiais sobre meio ambiente: Rio 92, Joanesburgo 2002 e Rio+20.

O trabalho evolui para papel das sociedades empresárias enquanto agentes da governança global, relacionando o atual cenário de interdependência entre sociedade civil, governos e empresas.

Por fim, ao longo do trabalho procuramos alcançar respostas para as seguintes perguntas: (1) Qual o papel das organizações internacionais no desenvolvimento sustentável? (2) Como se dá a efetivação do direito fundamental ao meio ambiente ecologicamente equilibrado através do desenvolvimento sustentável? (3) Como o conceito de desenvolvimento sustentável foi assimilado pelas sociedades empresárias? (4) Como a ética e a responsabilidade social empresarial podem ser atestadas através de indicadores e relatórios de sustentabilidade? (5) As diversas conferências mundiais sobre o tema provocaram alguma mudança no posicionamento empresarial? Se houveram mudanças, quais foram elas e como as mesmas refletiram no modo de produção industrial? (6) Qual a importância das sociedades empresárias enquanto *players* da governança global? (7) Qual a melhor forma de acesso a Justiça para se assegurar a garantia do desenvolvimento sustentável enquanto direito fundamental?

2

Novo constitucionalismo

Desenvolvimento sustentável e atuação empresarial

2.1. Novo constitucionalismo e Estado Democrático de Direito

A Constituição é o principal elemento da ordem jurídica dos Estados e, na condição de uma das grandes diretrizes do pós-positivismo, o neoconstitucionalismo aponta a Constituição como Lei Fundamental, superando a visão de mera Carta Política.

O marco histórico do neoconstitucionalismo é o *Estado Democrático de Direito* que surge nas últimas décadas do século XX, sendo seu marco filosófico o *pós-positivismo*.

A expressão "neoconstitucionalismo" ou "novo constitucionalismo" não são empregadas no debate constitucional norte-americano ou na Alemanha. Trata-se, segundo Daniel Sarmento, de um conceito formulado, sobretudo, na Espanha e na Itália, mas que tem se revelado bastante na doutrina brasileira, principalmente após a promulgação da Constituição da República Federativa do Brasil de 1988[1].

Para Gregório Assagra Almeida "o novo constitucionalismo é a denominação atribuída a uma nova forma de estudar, interpretar e aplicar a Constituição de modo emancipado e desmistificado". A finalidade do neoconstitucionalismo seria, então, de superar as bar-

1 SARMENTO, Daniel. O neoconstitucionalismo no Brasil: riscos e possibilidades. *In*: LEITE, George Salomão e SARLET, Ingo Wolfgang (org). *Direitos fundamentais e estado constitucional*: estudos em homenagem a J.J. Gomes Canotilho. São Paulo: REVISTA DOS TRIBUNAIS, 2009. p.11

reiras impostas ao Estado Constitucional Democrático de Direito pelo positivismo meramente legalista[2].

Gregório Assagra de Almeida e Flávia Viagatti Coelho de Almeida ressaltam que apesar dos direitos fundamentais serem o tema mais importante para uma nação democrática, até 1988, não existia estabilidade jurídica e política que permitissem o devido cuidado quanto a estas garantias[3].

Desta forma, o neoconstitucionalimo propõe a superação do paradigma do direito meramente formalista para um direito capaz de efetivar diretos fundamentais, servindo de fator transformador para a sociedade nos termos do que preceitua a atual Constituição da República Federativa do Brasil de 1988, notadamente em seus artigos 1º, 3º, 5º e 6º.

O neoconstitucionalismo possui como ponto central a efetivação concreta dos direitos constitucionais, individuais e coletivos. Apenas com a implementação concreta destas garantias, especialmente no plano coletivo, poderemos transformar a realidade social, diminuindo as desigualdades e assegurando a todos a plenitude dos valores inerentes à vida e sua existência com dignidade.

Consoante Gregório Assagra Almeida a *Summa divisio* constitucionalizada no país refere-se ao Direito Coletivo e Direito Individual, sendo que o texto constitucional de 1988 rompeu com a *Summa divisio* clássica ao dispor, no Capítulo I do Título II — Dos Direitos e Garantias Fundamentais, sobre os Direitos e Deveres Individuais e Coletivos[4].

---

2 ALMEIDA, Gregório Assagra. *O ministério público no neoconstitucionalismo*: perfil constitucional e alguns fatores de ampliação de sua legitimação social. Disponível em <http://www.unifafibe.com.br/revistasonline/arquivos/revistajuridicafafibe/sumario/5/14042010170607.pdf>. Acesso em: 30 Mar. 2014.

3 ALMEIDA, Gregório Assagra e ALMEIDA, Flavia Vigatti Coelho de. Os direitos ou interesses coletivos no Estado Democrático de Direito Brasileiro. *In*: ALMEIDA, Gregório Assagra *et al* (org). *Direitos fundamentais e a função do estado nos planos internos e internacional*. Belo Horizonte: Arraes Editora, 2010. 2 vol. p.210.

4 ALMEIDA, Gregório Assagra de. *Direito material coletivo* — superação da *Summa divisio* direito público e direito privado por uma nova *Summa divisio* constitucionalizada. Belo Horizonte: Del Rey, 2008.

A Constituição Federal de 1988 não mais se cinge entre direitos públicos e privados, sendo que a atual estrutura constitucional é dividida em normas de direito coletivo e de direito individual. A *Summa divisio* pode ser confirmada, dentre outros, pelo acesso à justiça, que pode ser exercido individual ou coletivamente.

O acesso à justiça, anteriormente definido como um direito formal de propor ou contestar a ação, reflete, atualmente, em seu sentido mais amplo, o acesso a uma justiça eficaz, uma garantia universal das defesas de todo e qualquer direito fundamental.

Para Mauro Cappelletti "o acesso à justiça pode, portanto, ser encarado como o requisito fundamental – o mais básico dos direitos humanos – de um sistema jurídico moderno e igualitário que pretende garantir e não apenas proclamar os direitos de todos".[5]

A Constituição Federal assegura em seu artigo 5°, inciso XXXV, a garantida inafastabilidade do crivo do Judiciário quando alguém se achar em ameaça ou lesão no seu direito. Certo é que quando se trata da viabilização do acesso à justiça, não se refere tão somente ao Poder Judiciário e a judicialização das questões.

Para Gregório Assagra de Almeida, "o acesso à Justiça deixa de ser um direito fundamental de acesso ao Judiciário e passa a ser direito fundamental a todo meio legítimo de proteção". Afirma ainda que a construção do Estado Democrático de Direito de fato e a transformação social depende do acesso à Justiça, não só ao Judiciário, mas a todo meio legítimo de proteção e efetivação a direitos individuais e coletivos[6].

Muitos dos direitos fundamentais podem ser exercidos e garantidos sem a necessidade de intervenção por parte do Poder Judiciário, buscando-se cada vez mais uma justiça participativa. Contudo, só haverá justiça participativa se os cidadãos estiverem cientes de seus direitos fundamentais e da efetividade a eles conferida pela Constituição Federal.

---

5 CAPPELLETTI, Mauro, GARTH, Bryant. *Acesso à justiça*. Tradução de Ellen Gracie Northfleet. Porto Alegre: Ed. Sérgio Antonio Fabris, 1988. *p. 12*.

6 ALMEIDA, Gregório Assagra de. *Mecanismos para a solução de conflitos*. Rede – Revista Institucional do Ministério Público de Minas Gerais. Ano IX – Edição 22 – março de 2014. p. 13.

O relatório da Organização das Nações Unidas sobre Meio Ambiente afirma que a participação pública da sociedade na tomada de decisões é indispensável para que se possa alcançar o desenvolvimento sustentável.

> Nós reiteramos que um pré-requisito fundamental para a implementação do desenvolvimento sustentável é uma ampla participação pública na tomada de decisões. O desenvolvimento sustentável requer que Major Groups. [...] Nós reconhecemos o importante papel do setor privado para se obter um desenvolvimento sustentável. Encorajamos intensamente que comércio e indústria demonstrem liderança no avanço da economia verde no contexto do desenvolvimento sustentável e da erradicação da pobreza. Nós reafirmamos a necessidade de fortalecer a governança internacional ambiental no contexto da estrutura institucional para o desenvolvimento sustentável, de modo a promover uma integração balanceada dos pilares econômico, social e ambiental de desenvolvimento sustentável [7].

Deve-se ressaltar que um determinado direito é fundamental não apenas pela relevância do bem jurídico tutelado em si mesmo, mas pela relevância do bem jurídico na perspectiva das opções do Constituinte e do regime jurídico assegurado às normas de direitos fundamentais[8].

Deste modo, o direito ao meio ambiente ecologicamente equilibrado afigura-se como um direito fundamental que apenas poderá ser efetivado através do desenvolvimento sustentável.

O artigo 225, bem como artigos 3º, 4º e 5º,§2º da Constituição Federal de 1988, asseguram o direito ao meio ambiente ecologicamente equilibrado, para as presentes e futuras gerações, tutelado amplamente no plano individual e, em destaque, no plano coletivo.

A proteção ao direito fundamental ao meio ambiente equilibrado, alcançada através do desenvolvimento sustentável, possui ampla tutela tanto no ordenamento jurídico interno quanto no plano internacional.

---

7 ORGANIZAÇÃO DAS NAÇÕES UNIDAS. O Futuro Que Queremos. Disponível em: http://www.onu.org.br/rio20/img/2012/01/OFuturoqueQueremos_rascunho_zero.pdf. Acesso em: 05 Mar. 2013.

8 Neste sentido, SARLETI, Ingo Wolfgand. A *eficácia dos direitos fundamentais*: uma teoria geral dos direitos fundamentais na perspectiva constitucional. Porto Alegre: Livraria do Advogado, 2009. 10 ed. rev. atual. e ampl. p. 76

A questão ambiental alcançou destaque nas discussões jurídicas e na necessidade de efetivação dos direitos fundamentais, pois, não se pode discutir a proteção ambiental de modo dissociado do crescimento econômico e do desenvolvimento industrial e social.

Segundo o Ministério do Meio Ambiente, desde a Conferência do Rio de Janeiro, em 1992, as negociações internacionais na área de meio ambiente têm focado cada vez menos nas questões exclusivamente ambientais para tratá-las, essencialmente, como questões de desenvolvimento. Por essa razão, essas negociações têm sido cada vez mais complexas e têm envolvido um número cada vez maior de atores que, antes, delas participavam apenas de maneira pontual [9].

Nesse contexto, as organizações internacionais têm um papel de destaque frente à efetivação dos direitos fundamentais. Diversos relatórios internacionais e Conferências mundiais da ONU reforçam a necessidade de garantia deste direito fundamental.

O Brasil, no plano interno, tem se fortalecido nas negociações internacionais, buscando conciliar a posição do país nos diversos foros multilaterais, regionais e bilaterais com as diretrizes da política de desenvolvimento ambiental brasileira. De igual maneira, o ordenamento jurídico interno tem fortalecido o processo de implementação, no nível nacional, do grande número de acordos e tratados internacionais na área ambiental ratificados pelo país.

Consoante Davi Niemann Ottoni:

> A relação entre os direitos humanos e os direitos do ambiente pode ser feita pela necessidade da preservação do meio ambiente para a concretização dos direitos fundamentais à vida e à saúde. Então, considerando-se o direito à vida como o mais importante de todos os direitos, tendo em vista que sem vida não há relação e interações interpessoais, pode-se constatar que esse direito fundamental tem como pré-requisito o direito a um meio ambiente ecologicamente equilibrado. O direito humano e o direito a um meio ambiente equilibrado tem, no mínimo, uma íntima relação, já que a violação de um, implica na invasão do outro, causando um duplo desequilíbrio, ambiental e humano[10].

---

9 BRASIL. Ministério do Meio Ambiente. Assessoria de Assuntos Internacionais. Disponível em: <http://www.mma.gov.br/assuntos-internacionais/a-assessoria>. Acesso em: 30 Mar. 2014.

10 OTTONI, Davi Niemann. Direito fundamental ao meio ambiente ecologicamente saudável e equilibrado. Disponível em: <http://www.

Certo é que o direito fundamental ao meio ambiente ecologicamente equilibrado, enquanto direito coletivo, pode ter um caráter conflituoso, tendo em vista que pode servir de restrição a outros direitos fundamentais, como o direito de propriedade e o desenvolvimento econômico, pela simples imposição do uso racional, desenvolvimento sustentável e contenção à livre iniciativa.

Deve-se destacar, entretanto, que o Estado Democrático de Direito possui como premissa máxima a proteção da vida e sua existência com dignidade, sendo que estes direitos fundamentais apenas podem ser alcançados com a preservação ambiental e desenvolvimento sustentável.

2.2. Desenvolvimento sustentável: considerações gerais

Finda a Segunda Grande Guerra, a sociedade mundial acordou para o impacto das ações humanas sobre o meio ambiente. Perceberam a necessidade de se pensar em um novo tipo de desenvolvimento, em vista das transformações pelas quais passava a sociedade contemporânea.

Com a década de 1970, veio a consciência da importância de compatibilizar desenvolvimento social e industrial (dependente de acesso aos recursos ambientais), de forma a diminuir desigualdades globais.

A Conferência das Nações Unidas Sobre o Meio Ambiente Humano, realizada em junho de 1972 em Estocolmo, Suécia, lançou um brado de alerta sobre o destino da espécie humana e do Planeta Terra.

Para alguns autores o conceito de desenvolvimento sustentável surgiu, ainda sob a denominação de ecodesenvolvimento, no início da década de 1970, resposta à polarização resultante do relatório do Clube de Roma, que opunha partidários de duas visões diferentes sobre as relações entre crescimento econômico e meio ambiente.

Para Fernando Almeida:

> Quando a década de 1980 começou, o mundo ainda se debatia com a pergunta: como conciliar atividade econômica e conservação do meio

---

ambito-juridico.com.br/site/?n_link=revista_artigos_leitura&artigo_id=11340&revista_caderno=5>. Acesso em: 30 Mar. 2014.

> ambiente? Por mais que o discurso predominante fosse o de que desenvolvimento e meio ambiente não são incompatíveis – tese vencedora na conferência da ONU em Estocolmo, em 1972 -, na verdade ninguém estava muito certo de como essa compatibilidade se traduziria na prática. Falar em "uso racional dos recursos naturais" tornou-se chavão – e como todo chavão, quase desprovido de sentido real[11].

O conceito de desenvolvimento sustentável surgiu nesse contexto para conciliar as proposições até então existentes e assegurar que é possível a coexistência do progresso técnico, científico e industrial sem agressão ambiental. O novo conceito afirmava que o crescimento econômico não devia implicar em degradação ambiental.

Susana Camargo Vieira[12] lembra que o conceito de desenvolvimento sustentável foi popularizado pelo Relatório Brundtland, e tornou-se realmente um item na agenda internacional a partir da ECO 92; já a questão da proteção ambiental referente ao relatório, constava desde o final dos anos 60.

Consolidado o entendimento de que os recursos do planeta são finitos, as preocupações e desafios comuns à humanidade foram acentuadas, percebeu-se que a manutenção de um planeta saudável demandaria esforços comuns a todos os povos, com atuação e mudanças de práticas no setor público e privado (governança global).

Nos anos 80, a Assembleia Geral da Organização das Nações Unidas[13] (1983) estabeleceu a Comissão Mundial sobre Meio Ambiente e Desenvolvimento, a qual foi presidida por Gro Harlem Brundtland e gerou como relatório final o documento intitulado "Nosso Futuro Comum", que dentre seus objetivos, preceituava "recomendar maneiras para que a preocupação com o meio ambiente se traduza em maior

---

11 ALMEIDA, Fernando. *O bom negócio da sustentabilidade*. Bonsucesso: Nova Fronteira, 2002. 101 p. Disponível em: <http://www.fernandoalmeida.com.br/livros/livro-fernando-almeida-sustentabilidade pdf>. Acesso em: 12 Fev. 2013.

12 VIEIRA, Susana Camargo. Desenvolvimento sustentável. A evolução do conceito. *Jus Navigandi*, Teresina, ano 13, n. 1961, 13 Nov. 2008. Disponível em: <http://jus.com.br/artigos/11961>. Acesso em: 7 Mai. 2013.

13 ORGANIZAÇÃO DAS NAÇÕES UNIDAS – ONU – foi fundada em 1945 após a Segunda Guerra Mundial para substituir a Liga das Nações, com o objetivo, dentre outros, de prevenir guerra entre países e para fornecer uma plataforma para o diálogo e a manutenção duradoura da paz.

cooperação entre os países em desenvolvimento e entre países em estágios diferentes de desenvolvimento econômico e social".[14]

Segundo Philippe Pomier Layrargues o maior destaque do Relatório Brundtland é a elaboração de um novo conceito:

> O conceito de desenvolvimento sustentável tem, é claro, limites – não limites absolutos, mas limitações impostas pelo estágio atual da tecnologia e da organização social, no tocante aos recursos ambientais, e pela capacidade da biosfera de absorver os efeitos da atividade humana. Mas tanto a tecnologia quanto a organização social podem ser geridas e aprimoradas a fim de proporcionar uma nova era de crescimento econômico. Para a Comissão, a pobreza generalizada já não é inevitável. A pobreza não é apenas um mal em si mesma, mas para haver um desenvolvimento sustentável é preciso atender às necessidades básicas de todos e dar a todos a oportunidade de realizar suas aspirações de uma vida melhor. Um mundo onde a pobreza é endêmica estará sempre sujeito a catástrofes, ecológicas ou de outra natureza.[15]

De acordo com o Relatório Brundtland o desenvolvimento sustentável deve ser entendido como "um processo de transformação no qual a exploração dos recursos, a direção dos investimentos, e a mudança institucional se harmonizam e reforçam o potencial presente e futuro, a fim de atender às necessidades e aspirações humanas".[16]

Mesmo que o relatório não se apresentasse como um manual prático a ser seguido para a obtenção do desenvolvimento sustentável – entendido como aquele que atende às necessidades do presente sem comprometer a capacidade das gerações futuras de atenderem às suas próprias necessidades – criou-se a partir da publicação do Relatório uma visão crítica do modelo de desenvolvimento adotado pelos países industrializados e reproduzido pelas nações em desenvolvimento.

---

14 COMISSÃO MUNDIAL SOBRE O MEIO AMBIENTE E O DESENVOLVIMENTO – CNUMAD – *Nosso futuro comum*. Rio de Janeiro: Fundação Getúlio Vargas, 1988, p. 46.

15 LAYRARGUES, Philippe Pomier. *Do ecodesenvolvimento ao desenvolvimento sustentável: evolução de um conceito?*. Proposta, Rio de Janeiro, v. 24, n.71, p. 1-5, 1997.

16 COMISSÃO MUNDIAL SOBRE O MEIO AMBIENTE E O DESENVOLVIMENTO – CNUMAD. Nosso futuro comum. Rio de Janeiro: Fundação Getúlio Vargas, 1988, p. 49.

Certo é que a divulgação do Relatório Brundtland popularizou a expressão "desenvolvimento sustentável" e sua definição é a mais próxima do consenso mundial.

A importância da criação e disseminação do conceito desenvolvimento sustentável foi afirmar o direito das gerações futuras como um princípio ético básico[17], ressaltando que todo processo decisório que busca o desenvolvimento social e industrial deve pautar-se pela preservação e melhor uso do componente ambiental, sempre com o aval das comunidades envolvidas, pois apenas assim chegaremos a uma sociedade sustentável.

Como preceituado por Philippe Pomier Layrargues, hoje a questão não é mais de escolha entre desenvolvimento ou proteção do meio ambiente. Desenvolvimento e proteção ao meio ambiente deixaram de ser considerados como duas realidades antagônicas, e passaram a ser complementares[18].

Não obstante as mais de quatro décadas já decorridas desde a realização da Conferência das Nações Unidas em Estocolmo, Suécia, os problemas correlatos ao desenvolvimento sustentável demonstram-se, mais que nunca, atuais. E, como diz Susana Vieira, "novos problemas exigem novas soluções e desenvolvimento pressupõe envolvimento"[19].

Fato é que o desenvolvimento sustentável não poderia ser alcançado sem o envolvimento do setor privado, notadamente no setor empresarial. E no momento em que o setor empresarial verde insere-se no movimento ecológico, ele ganha toda a credibilidade discursiva, e promove o estilo do desenvolvimento sustentável como o marco teórico defendido por todos os segmentos do ambientalismo.

O desenvolvimento sustentável não é apenas mais um conceito vago ou princípio meramente norteador.

---

17 Entendido como um princípio moral básico que orienta a conduta humana.

18 LAYRARGUES, Philippe Pomier. *Do ecodesenvolvimento ao desenvolvimento sustentável: evolução de um conceito?*. Proposta, Rio de Janeiro, v. 24, n.71, p. 1-5, 1997.

19 VIEIRA, Susana Camargo. Palestra para os alunos do Centro Universitário do Rio Grande do Norte (UNI-RN) durante a abertura da Uni-Sim-RN realizada em 19 de setembro de 2013. Disponível em: http://www.unirn.edu.br/2013/noticias.php?id=2100. Acesso em: 10 Out. 2013.

Segundo José Eli da Veiga[20], o crescimento econômico sempre poderá ser inviabilizado por falta de recursos naturais que se tornaram decisivos após a Revolução Industrial, caso não haja mudança nos modos de pensar e agir da população mundial. Ainda segundo José Eli da Veiga[21] "os limites físicos poderão causar neste século uma ruptura (*crash, end, disruption*) do processo de crescimento econômico que obrigará as sociedades humanas a se adaptarem a circunstâncias inteiramente inéditas".

Nessa dinâmica, a mudança de atuação das sociedades empresárias, enquanto agentes do desenvolvimento sustentável, firma-se como mais um dos "pontos de virada"[22] (*tipping point)* vislumbrados a partir da era do pós-crescimento, baseado no desenvolvimento sustentável.

2.3. Internacionalização do conceito

A preocupação brasileira quanto à necessidade de proteção ao meio ambiente ecologicamente equilibrado restou demonstrada, efetivamente, com a inserção de capítulo específico na Constituição da República Federativa do Brasil de 1988[23].

Após o surgimento de movimentos ambientais internacionais, conferências e relatórios voltados para a defesa do meio ambiente, como a conferência sobre o Ambiente Humano realizada em Estocolmo em 1972 e, como já dito, com a publicação do Relatório "Our common future" em 1987, o Brasil constitucionalizou a proteção ao meio ambiente.

Fábio Fernandes, destacando a importância da Conferência de Estocolmo da ONU para a internacionalização do direito ambiental, adverte que, até então, a questão ambiental ainda não se colocava

---

20 VEIGA, José Eli. A *desgovernança mundial da sustentabilidade*. São Paulo: Editora 34, 2013. p.152.

21 VEIGA, José Eli. A *desgovernança mundial da sustentabilidade*. São Paulo: Editora 34, 2013. p. 102.

22 LOVELOCK, James. *'Gaia' scientist James Lovelock: I was 'alarmist' about climate change*. Disponível em: http://worldnews.nbcnews.com/_news/2012/04/23/11144098-gaia-scientist-james-lovelock-i-was-alarmist-about-climate-change?lite . Acesso em: 09 Maio 2012.

23 BRASIL. Constituição da República Federativa do Brasil de 1988. Título VIII – Da Ordem Social. Capítulo VI – Do Meio Ambiente.

como uma preocupação comum, da mesma maneira que era dada pouca atenção ao bem-estar ecológico[24].

Pedro Miron de Vasconcelos Dias Neto afirma ainda que:

> Nesta esteira, a segurança ecológica passou a ser uma das preocupações principais das Nações Unidas, assim como os temas da paz; dos direitos humanos; e do desenvolvimento equitativo. De forma precursora, a Conferência Ambiental de 1972 introduziu na agenda internacional a preocupação com o modelo tradicional de desenvolvimento econômico em detrimento do meio ambiente sustentável, sob pena de esgotamento completo dos recursos naturais, pondo em risco a vida no planeta[25].

Édis Milaré[26] afirma que, no Brasil, somente a partir da década de 80, a legislação começou a se preocupar com o meio ambiente de uma forma global e integrada.

Antes mesmo da constitucionalização da proteção ao meio ambiente, já no início da década de 1980, surgiu a primeira legislação nacional que efetivamente internacionalizava os novos princípios correlatos ao conceito de desenvolvimento sustentável.

A lei federal nº 6.938/81, que dispõe sobre a Política Nacional do Meio Ambiente, foi o primeiro grande marco em termos de proteção ambiental no Brasil, pois, definiu de forma inovadora os conceitos, princípios, objetivos e instrumentos para a defesa do meio ambiente[27].

Ainda antes da promulgação da Constituição Federal de 1988, a lei federal nº 7.347/85 disciplinou a ação civil pública como ins-

---

24 FERNANDES, Fábio. *Meio ambiente geral e meio ambiente do trabalho: uma visão sistêmica*. São Paulo: LTr, 2009, p.131

25 DIAS NETO. Pedro Miron de Vasconcelos. *Da internacionalização à constitucionalização do direito ambiental sob a perspectiva do meio ambiente do trabalho*. . Disponível em: <http://www.ambito-juridico.com.br/site/?n_link=revista_artigos_leitura&artigo_id=13243>. Acesso em: 02 Out. 2013.

26 MILARÈ, Edis. Direito do Ambiente: Doutrina, prática, jurisprudência e glossário. 4ª ed. São Paulo: Revista dos Tribunais, 2000.

27 Lei Federal nº 6.938/81. Artigo 2º: A Política Nacional do Meio Ambiente tem por objetivo a preservação, melhoria e recuperação da qualidade ambiental propícia à vida, visando assegurar, no País, condições ao desenvolvimento sócio-econômico, aos interesses da segurança nacional e à proteção da dignidade da vida humana.

trumento de defesa do meio ambiente e dos demais direitos difusos e coletivos[28].

Desta feita, a Constituição Federal de 1988 foi o terceiro e principal marco da legislação ambiental ao elevar o meio ambiente à categoria de bem protegido constitucionalmente.

Consoante já exposto, a proteção ambiental deixou de ser uma questão ligada apenas a grupos radicais (partidários e apartidários) para se tornar patrimônio comum de todas as forças sociais. Isso contribuiu para a difusão de uma consciência ambiental que se manifesta tanto no âmbito individual como no âmbito institucional. Daí o extraordinário desenvolvimento das ciências e das políticas ambientais, bem com a proliferação de leis e atos normativos sobre matéria ambiental[29].

Importante destacar que no Brasil a legislação ambiental alcançou destaque principalmente após a queda do governo militar, que sustentava o desenvolvimento econômico e social com a exploração indiscriminada dos recursos naturais.

Portanto, foi no contexto da preocupação com a escassez dos recursos naturais e do crescimento populacional que a Constituição da República de 1988 foi a primeira a dedicar um capítulo para o meio ambiente, previsto a partir do artigo 225[30].

Eros Roberto Grau, ex-ministro do Supremo Tribunal Federal, é enfático ao analisar a necessidade de proteger o meio ambiente em "resposta às correntes que propõem a exploração predatória dos recursos naturais, abroqueladas sobre o argumento obscurantista, segundo

28 Lei Federal nº 7.347/85. Artigo 1º, I: Regem-se pelas disposições desta Lei, sem prejuízo da ação popular, as ações de responsabilidade por danos morais e patrimoniais causados ao meio-ambiente.

29 PENIDO, Henrique Rocha. Biodiesel: debates e propostas. A inclusão social, a preservação ambiental e os ganhos econômicos. *Jus Navigandi*, Teresina, ano 10, n. 673, 9 maio 2005. Disponível em: <http://jus.com.br/artigos/6702>. Acesso em: 31 Out. 2012.

30 BRASIL. Constituição da República Federativa do Brasil de 1988. Artigo 225 – Todos têm direito ao meio ambiente ecologicamente equilibrado, bem de uso comum do povo e essencial à sadia qualidade de vida, impondo-se ao Poder Público e à coletividade o dever de defendê-lo e preservá-lo para as presentes e futuras gerações.

o qual as preocupações com a defesa ao meio ambiente envolvem proposta de "retorno à barbárie""[31].

A necessidade do desenvolvimento convive ao lado da exigência de efetiva defesa ambiental, não só no plano fático, como também no jurídico, visto que nossa Constituição Federal abriga, expressamente, esses dois direitos fundamentais[32].

Corroborando a assertiva de possibilidade de desenvolvimento aliada à defesa ambiental, Susana Camargo Vieira afirma ainda que "o conceito de desenvolvimento sustentável integra o direito ambiental, o direito econômico, e os direitos humanos no tripé que os sustenta: meio ambiente, desenvolvimento e direitos humanos (o componente social)"[33].

O artigo 225 da CRFB/88 destaca que todos os seres vivos têm direito ao meio ambiente ecologicamente equilibrado, sendo este um direito de natureza transindividual, previsto no princípio I da Declaração sobre Meio Ambiente e Desenvolvimento.

Tanto o poder público quanto a coletividade tem o dever de preservar e tutelar o ambiente, sendo este indivisível e de uso comum do povo. Além do princípio da obrigatoriedade da intervenção estatal no trato das questões ambientais, destaca-se também o princípio da participação, sendo que a coletividade também deve participar na defesa e preservação do meio ambiente.

Importante destacar que a CRFB/88 apresentou uma inovação em relação à proteção do meio ambiente com a inserção do princípio do desenvolvimento sustentável em seu art. 225.

---

31 GRAU, Eros Roberto. A *Ordem Econômica na Constituição de 1988*. 11 ed. rev. e atual. SP: Malheiros. 2006. p. 251.

32 Nesse sentido, SANTOS, Antônio Ricardo Surita dos. Os direitos ao meio ambiente equilibrado e ao desenvolvimento humano em conflito: um problema de sustentabilidade. *Jus Navigandi*, Teresina, ano 17, n. 3150, 15 fev. 2012 . Disponível em: <http://jus.com.br/artigos/21073>. Acesso em: 02 Out. 2013.

33 VIEIRA, Susana Camargo. O componente direitos humanos do desenvolvimento sustentável: uma visão de direito internacional. *In*: SALIBA, Aziz Tuffi; ALMEIDA, Gregório Assagra de; GOMES JÚNIOR, Luiz Manoel (Org.). *Direitos fundamentais e sua proteção nos planos interno e internacional*. Belo Horizonte: Arraes Editores, 2010. p. 264

Não obstante a tutela jurídica ambiental soar como recente no ordenamento jurídico pátrio, Heli de Souza Maia[34] defende que nos anos de "Brasil Colônia" já existiam algumas medidas protetivas ambientais, mas que buscavam apenas garantir a continuidade da atividade exploratória extrativista colonial.

Heli de Souza Maia afirma, entretanto, que a legislação ambiental brasileira apenas começa a consolidar-se no Brasil na década de 1980:

> Não se pode esquecer que a legislação ambiental brasileira ganhou envergadura, sobretudo a partir da década de 80, do século passado, seguindo, com relativo atraso, um movimento mundial em prol da defesa do meio ambiente. Vale ressaltar que tal movimento estava ligado essencialmente aos países desenvolvidos, sobretudo os europeus, onde a consciência ecológica já arrebatava um número significativo de militantes e simpatizantes. Além disso, as grandes conferências ocorridas a partir da década anterior motivaram, no âmbito doméstico, a discussão e a tomada de posição em torno da defesa legal da natureza, como a Conferência de Estocolmo, a Conferência do Rio e a Conferência de Joanesburgo[35].

Nesse sentido, consoante aos dizeres de Ulisses da Silveira Job, pode-se entender que no continente americano a codificação do Direito Internacional e seus preceitos (incluindo a internacionalização do conceito desenvolvimento sustentável), se deu de maneira mais fluida e profícua, sendo que "o século XIX vivenciou a gênese de um processo de internacionalização do direito, notadamente com a realização de congressos e tratados"[36].

Ao internacionalizar e constitucionalizar o conceito de desenvolvimento sustentável, o ordenamento jurídico brasileiro apenas buscava assegurar que todos os seres tivessem direito a um ambiente amplamente sustentável, seja no contexto industrial, humano ou cultural.

---

34 MAIA, Heli de Souza. *Atividade empresária e sustentabilidade ambiental*. Rio de Janeiro: Livre Expressão, 2013. p. 151.

35 MAIA, Heli de Souza. *Atividade empresária e sustentabilidade ambiental*. Rio de Janeiro: Livre Expressão, 2013. p. 153.

36 JOB, Ulisses da Silveira. Epitácio Pessoa e o direito internacional americano. *In:* FRANCA FILHO, M.T., MIALHE, J.L., JOB, U.S. (Org.) *Epitácio Pessoa e a codificação do direito internacional*. Porto Alegre: Sérgio Antonio Fabris ed., 2013. p. 491-492

Consoante o relatório Nossa Diversidade Criadora elaborado pela Comissão Mundial de Cultura e Desenvolvimento da UNESCO, "o desenvolvimento divorciado de seu contexto humano e cultural não é mais do que um crescimento sem alma. O desenvolvimento econômico, em sua plena realização, constitui parte da cultura de um povo"[37].

2.4. Sustentabilidade e Direitos Fundamentais

A Revolução Industrial trouxe uma grande oportunidade de expansão da capacidade humana de liberdade de deslocamento e produção, permitindo uma maior exploração da natureza. Segundo José Antônio Puppim de Oliveira o aumento da utilização de recursos naturais per capita e a degradação ambiental, após a Revolução Industrial, gerou uma visão, na época, de que só poderia haver desenvolvimento em detrimento da qualidade ambiental[38].

Fruto do processo da Revolução Industrial, a sociedade contemporânea, segundo Vânia Márcia Nogueira Damasceno "é pautada pelo consumismo, pela velocidade das informações, do transporte, dos conflitos globalizados, de agressões contínuas à vida humana, retratado de forma ímpar pela destruição da natureza"[39].

Certo é que o direito é uma invenção humana, fruto da evolução histórica e cultural, concebido como técnica de solução de conflitos e pacificação social. E nesse contexto, os direitos fundamentais se desenvolveram acompanhando o processo histórico de evolução da sociedade e do próprio Estado. Os direitos fundamentais estão intimamente ligados à própria existência dos seres, sendo intrínsecos a estes. São valores e princípios revestidos de juridicidade e necessários à própria subsistência digna dos seres vivos.

---

37 UNESCO/COMISSÃO MUNDIAL DE CULTURA E DESENVOLVIMENTO. Nossa diversidade criadora. Brasilia, Unesco Brasil e Papiros, 1.997. p. 21

38 OLIVEIRA, José Antônio Puppimde. *Empresas na Sociedade.* Rio de Janeiro: Elsevier, 2008

39 NOGUEIRA, Vânia Márcia Damasceno. Empresa e Direitos Fundamentais. *De Jure* – Revista Jurídica do Ministério Público de Minas Gerais. Belo Horizonte: MPMG, 2011. n. 16. Jan/Jun 2011. p. 216.

Sobre a evolução social e os direitos fundamentais, observa Flávia Piovesan:

> A dinâmica da construção e reconstrução desses direitos, no sentido de que se a agenda desses direitos tem encontrado tradicionalmente tutela nos direitos civis e políticos, verifica-se atualmente sua ampliação passando a incorporar novos direitos, "com ênfase nos direitos econômicos, sociais e culturais, bem como no direito ao desenvolvimento-voz do hemisfério sul[40].

Consoante ensinamento de Gregório Assagra de Almeida "a expressão direitos fundamentais surgiu na França no ano de 1770, como marco do movimento político cultural que conduziu à declaração dos Direitos do Homem e do Cidadão, de 1789"[41].

Mister se faz ressaltar que os direitos fundamentais não podem ser considerados como exclusivos do homem, pois numa visão biocentrista, segundo Vânia Márcia Nogueira Damasceno, pertenceriam ainda aos animais e pessoas jurídicas. Desta forma, melhor utilizar a expressão direitos fundamentais que direitos humanos[42].

Importante destacar, também, que a efetividade dos direitos fundamentais, no Estado Democrático de Direito, faz parte do modelo de democracia participativa implantado e vigente no Brasil. Desta forma, temos que "a efetividade dos direitos fundamentais deve ser vista como um resultado lógico das modificações introduzidas na seara jurídica em face da complexa sociedade pós-moderna"[43].

E na efetividade dos direitos fundamentais, as sociedades empresárias se destacam com grande poder de ingerência, seja para tu-

---

40 PIOVESAN, Flávia. "Proteção internacional dos direitos humanos: desafios e perspectivas". *Diké* – Revista Jurídica, Departamento de Ciências Jurídicas UESC. Ilhéus. Ano 5, n. 5. p. 93-110, jan-dez. 2003. p. 94.

41 ALMEIDA, Gregório Assagra de. *Direito material coletivo. Superação da Summa divisio* Direito Público e Direito Privado por uma nova *Summa divisio* Constitucionalizada. Belo Horizonte: Del Rey, 2008. p. 321

42 NOGUEIRA, Vânia Márcia Damasceno. Empresa e Direitos Fundamentais. *De Jure* – Revista Jurídica do Ministério Público de Minas Gerais. Belo Horizonte: MPMG, 2011. n. 16. Jan/Jun 2011. p. 228.

43 NOGUEIRA, Vânia Márcia Damasceno. Empresa e Direitos Fundamentais. *De Jure* – Revista Jurídica do Ministério Público de Minas Gerais. Belo Horizonte: MPMG, 2011. n. 16. Jan/Jun 2011. p. 233.

telá-los, seja para suprimi-los. O maior desafio da empresa moderna é conciliar o desenvolvimento industrial e econômico sem violar os direitos fundamentais, como dignidade da pessoa humana, proteção ambiental, ambiente sadio de trabalho, atingindo assim, a sustentabilidade plena.

Em 1986, a ONU editou a "Declaração sobre o Direito ao Desenvolvimento", garantindo:

> O direito ao desenvolvimento é um direito humano inalienável em virtude do qual toda pessoa humana e todos os povos estão habilitados a participar do desenvolvimento econômico, social, cultural e político, a ele contribuir e dele desfrutar, no qual todos os direitos humanos e liberdades fundamentais possam ser plenamente realizados[44].

Vânia Márcia Damasceno Nogueira[45] diz que, nesse contexto, as empresas apresentam-se como um dos principais agentes transformadores da sociedade, redescobrindo direitos e adquirindo novos deveres, sendo que em determinados locais, não raro as empresas fazem o papel dos Estados. Ao assumirem essa postura, ganham notoriedade pela função desenvolvida, mas, simultaneamente, adquirem poderes jamais imaginados, podendo abalar a estrutura do que hoje entendemos por Estado.

Reafirmando a importância do setor empresarial, Fernando Almeida diz:

> Cabe às empresas, de qualquer porte, mobilizar sua capacidade de empreender e de criar para descobrir novas formas de produzir bens e serviços que gerem mais qualidade de vida para mais gente, com menos quantidade de recursos naturais. A Inovação não é apenas tecnológica, mas também econômica, social, institucional e política. Cada vez mais, as empresas terão que incluir em seus processos de desenvolvimento a avaliação dos impactos sociais, ambientais e econômicos, para atender as expectativas da opinião pública e, assim, preservar sua imagem e sua presença no mercado. Empresas que estão na vanguarda das práticas sustentáveis já

44 Organização das Nações Unidas. Declaração sobre o Direito ao Desenvolvimento. Artigo 1.1

45 NOGUEIRA, Vânia Márcia Damasceno. Empresa e Direitos Fundamentais. *De Jure* – Revista Jurídica do Ministério Público de Minas Gerais. Belo Horizonte: MPMG, 2011. n. 16. Jan/Jun 2011. p. 217.

> perceberam as relações estreitas entre sustentabilidade e governança corporativa. E começam a criar os instrumentos da governança sustentável. Conselhos de sustentabilidade vão se disseminar e institucionalizar como instância de governança nas empresas, responsáveis pela formulação da estratégia de ação no novo mundo da sustentabilidade[46].

Preocupado com o conceito de sustentabilidade aplicado ao campo empresarial, Antônio Carlos Diegues debate o conteúdo do tema, observando o momento histórico em que "parece se dissolver a bipolaridade dos tipos de sociedade capitalista e socialista", revelando que:

> Por outro lado, há uma consciência crescente de que o modelo de sociedade industrial avançada do Ocidente não poderá se manter a longo prazo com os padrões de produção e consumo baseados no esbanjamento de energia não-renovável, na degradação ambiental, na marginalização social e política de importantes grupos sociais (os migrantes, por exemplo), na espoliação da mão-de-obra e dos recursos naturais dos países do Terceiro Mundo e no crescente fosso entre o Norte e o Sul. Além disso, espalha-se pelo mundo a frustração de que para a grande maioria dos países do Terceiro Mundo a última década foi perdida para o 'desenvolvimento', e de que talvez os próximos decênios também o sejam. Nesse contexto, ganha sentido a idéia de que não existe um único paradigma de sociedade do bem-estar (a ocidental) a ser atingido por vias do "desenvolvimento" e do progresso linear. Há necessidade de se pensar em vários tipos de sociedades sustentáveis, ancoradas em modos particulares, históricos e culturais de relações com os vários ecossistemas existentes na biosfera e dos seres humanos entre si. Esse novo paradigma a ser desenvolvido se baseia, antes de tudo, no reconhecimento da existência de uma grande diversidade ecológica, biológica e cultural entre os povos que nem a homogeneização sociocultural imposta pelo mercado capitalista mundial, nem os processos de implantação do "socialismo real" conseguiram destruir. Talvez a implosão recente de grandes impérios e o ressurgimento das identidades étnico-culturais sejam os primeiros sintomas da necessidade urgente de se procurar novos paradigmas de "sociedades sustentáveis"[47].

---

46 ALMEIDA, Fernando. O bom negócio da sustentabilidade. Bonsucesso: Nova Fronteira, 2002. Disponível em: <http://www.fernandoalmeida.com.br/livros/livro-fernando-almeida-sustentabilidade .pdf>.

47 DIEGUES, Antônio Carlos. "*Desenvolvimento sustentável ou sociedades sustentáveis*: da crítica dos modelos aos novos paradigmas". São Paulo em Perspectiva. Desenvolvimento e Meio Ambiente. São Paulo, vol. 6, n. 1 e 2, jan/jun. 1992, p. 26.

O presente trabalho pretende desenvolver e sistematizar o conceito de desenvolvimento sustentável, a partir da mudança da forma de atuação das sociedades empresárias diante das organizações internacionais.

O setor empresarial tem sido motivado a investir nas relações com a sociedade em que está inserido para ser reconhecido, não apenas pelo potencial econômico, mas pela conscientização e busca da ética galgada em suas ações. As sociedades empresárias firmam-se como grandes agentes do desenvolvimento sustentável ao planejarem suas ações visando à implementação de normas técnicas de qualidade, na busca da sustentabilidade e sucesso econômico empresarial.

A responsabilidade social empresarial, embora não regulamentada pelo Estado, afirma-se com a mudança de posicionamento do setor privado, seja através do uso de mecanismos como o *Global Reporting Initiative* (*GRI*), seja através da participação em eventos internacionais como a Conferência das Nações Unidas sobre Desenvolvimento Sustentável.

Os recursos de avaliação através de indicadores sustentáveis, aliados à atuação proativa das empresas, são capazes de estabelecer um regramento favorável à efetivação dos direitos fundamentais, seja pela proteção ao ambiente ou ao direito do trabalho digno, por exemplo. Observando as ações de responsabilidade social e ambiental é possível verificar uma interdependência entre a sociedade civil, o governo e as organizações privadas para que o desenvolvimento sustentável possa ser efetivado.

2.5. Declaração da *International Law Association* sobre Governança Global

Inobstante as discussões sobre quando surgiu a expressão "governança global", para José Eli da Veiga, a expressão se firmou a partir da década de 1980 e servia, basicamente, "para designar atividades geradoras de instituições (regras do jogo) que garantem um mundo formado por Estados-nação e se governe sem que disponha de governo central"[48].

48 VEIGA, José Eli da. A *desgovernança mundial da sustentabilidade*. São Paulo: Editora 34, 2013, p. 13.

Assim, apesar de conceito haver se disseminado apenas na década de 1980, a primeira forma de governança global teria surgido com o Tratado de Versalhes em 1919 que, além de por fim à Primeira Grande Guerra Mundial, ainda tentou reunir todas as nações no organismo precursor da Organização das Nações Unidas, a Liga das Nações[49].

Aprofundando o tema, Sidney Guerra afirma que, apesar de raízes históricas no Tratado de Versalhes, a governança global ganha força com o surgimento de organizações internacionais, já após a segunda guerra mundial.[50]

No mesmo sentido, José Eli da Veiga afirma que "a governança global do desenvolvimento somente nasceu, de fato, com o reordenamento posterior à derrota do nazifacismo" [51].

De qualquer maneira, hoje já se discute o tema em uma Comissão de Governança Global da Organização das Nações Unidas, "a boa governança promove a igualdade, a participação, o pluralismo, a transparência, a responsabilidade e o Estado de Direito, de forma efetiva, eficiente e duradoura"[52].

Atualmente, a governança global é discutida e estimulada em várias áreas: fala-se de governança global do desenvolvimento, econômica, ambiental, social, etc. A ONU destaca que "promove a boa governança através de vários caminhos", utilizando o Programa das

---

49 Nesse sentido, segundo Sidney Guerra, "a Liga das Nações tratava-se de uma organização intergovernamental de natureza permanente, baseada nos princípios da segurança coletiva e da igualdade entre os Estados e, suas atribuições essenciais estavam assentadas em três grandes pilares: a segurança internacional; a cooperação econômica, social e humanitária; e a execução do Tratado de Versalhes que pôs termo à Primeira Guerra Mundial". Disponível em: <http://publicacoes.unigranrio.edu.br/index.php/rdugr/article/viewFile/1108/659> Acesso em: 15 Dez. 2013.

50 GUERRA, Signey. *Para uma nova governança global em matéria ambiental: a organização internacional do meio ambiente.* Disponível em: <http://publicacoes.unigranrio.edu.br/ index.php/rdugr/article/ viewFile/1108/659> Acesso em: 15 dez 2013.

51 VEIGA, José Eli da. A *desgovernança mundial da sustentabilidade.* São Paulo: Editora 34, 2013, p. 14.

52 Organização das Nações Unidas. A ONU e a Governança. Disponível em: <http://www.onu.org.br/a-onu-em-acao/a-onu-em-acao/a-onu-e-a-governanca/>. Acesso em: 15 Dez. 2013.

Nações Unidas para o Desenvolvimento (PNUD), o Fundo Monetário Internacional (FMI), o Fundo de Democracia das Nações Unidas (UNDEF), a Rede Pública de Administração das Nações Unidas (UNPAN), dentre outros, sempre afirmando que "a promoção da boa governança funciona como uma ação contínua através das atividades do Sistema das Nações Unidas".[53]

Fazendo a correlação entre as Conferências Mundiais com a questão da governança global e do setor empresarial, Susana Camargo Vieira afirma:

> [...] good governance, in the context of the goal of sustainable development, would mean respecting the principles of the Rio Declaration in designing development projects and programmes – and reinforced the need to develop legal frameworks, which provide for greater transparency, accountability, and law enforcing machinery [...] Several business institutions and books by authors originating from business have been instrumental in the development of the change in mentality in Brazilian business, but the change started with Rio 92 – in which business was present and interacted with other sectors of civil society, as well as government [...][54]

Em 1998, o relatório da Comissão das Nações Unidas sobre Governança Global já dizia:

---

53 Organização das Nações Unidas. A ONU e a Governança. Disponível em: <http://www.onu.org.br/a-onu-em-acao/a-onu-em-acao/a-onu-e-a-governanca/>. Acesso em: 15 Dez. 2013.

54 VIEIRA, Susana Camargo. "Good Governance" and Global Change Looking at Agents in Brazil: govenance as a crosscutting theme in human dimensions science. *International Human Dimensions Programme Update*. EUA, Ed 3, ISSSN 1727-155X, Nov. 2009. P. 65/68. Tradução do autor: [...] Uma boa governança, no âmbito do objetivo do desenvolvimento sustentável, significa respeitar os princípios da Declaração do Rio na concepção de projetos e programas de desenvolvimento – e reforça a necessidade de desenvolver marcos legais, que preveem uma maior transparência e responsabilidades na aplicação da lei [...]. Várias instituições de negócios e livros de autores provenientes do setor empresarial têm sido fundamentais para o desenvolvimento da mudança de mentalidade no empresariado brasileiro, mas a mudança começou com a Rio 92 – quando o setor empresarial estava presente e interagiu com outros setores da sociedade civil, bem como o governo.

> In an increasingly interdependent world, old notions of territoriality, independence, and non- intervention lose some of their meaning. National boundaries are increasingly permeable--and, in some important respects, less relevant. [...].It is now more difficult to separate actions that solely affect a nation's internal affairs from those that have an impact on the internal affairs of other states[55].

Certo é que a governança global, hoje, envolve tanto organizações não governamentais, como as governamentais, movimentos de cidadania, corporações multinacionais, mercado global de capital e organizações internacionais, dentre as quais se destaca a International Law Association.

A "International Law Association – ILA", originalmente "The Association for the Codification and the Development of the Law of Nations", foi fundada em uma conferência internacional em Bruxelas, em 1873, tendo como objetivos o estudo, o esclarecimento e o desenvolvimento do Direito Internacional público e privado, do Direito Comparado e das Relações Internacionais[56].

---

55 Organização das Nações Unidas. Comissão das Nações Unidas sobre Governança Global. Tradução do autor: Em um mundo cada vez mais interdependente, velhas noções de territorialidade, independência e não intervenção perdem algo do seu significado. As fronteiras nacionais são cada vez mais permeáveis e, em alguns aspectos importantes, menos relevantes. [...] Agora é mais difícil de separar as ações que afetam unicamente assuntos internos de uma nação daqueles que têm um impacto sobre os assuntos internos de outros Estados. Disponível em: <http://www.un.org/en/globalissues/>. Acesso em: 15 Dez. 2013.

56 Segundo o site oficial da ILA: "No decorrer dos últimos anos, os trabalhos e resoluções dos Comitês da ILA, devidamente aprovados por sua Assembleia Geral reunida nas Conferências Bienais, têm sido utilizados pela ONU e por outras agências internacionais, muitas vezes resultando em documentos adotados pela Comunidade Internacional, tais como a Convenção da UNESCO sobre a Herança Cultural Submersa da Humanidade e a Declaração da ONU sobre os Princípios Imanentes ao Desenvolvimento Sustentável. Da mesma forma, a doutrina internacional faz constantes referências ao trabalho da ILA, como no caso das Helsinki Rules sobre o uso de águas internacionais e a Declaração de Seul sobre o Direito ao Desenvolvimento". Disponível em <http://www.ilabrasil.org.br/institucional/apresentacao/> .Acesso em: 15 Dez. 2013.

Em 2002, a Associação de Direito Internacional (ILA) lançou, embasada no relatório[57] do Comitê Internacional sobre Aspectos Legais do Desenvolvimento Sustentável, a Declaração de Nova Delhi sobre os Princípios do Direito Internacional relativos ao Desenvolvimento Sustentável[58], defendida por Fabiano de Andrade Correa[59] como um dos principais marcos teóricos para o desenvolvimento sustentável.

Segundo Susana Camargo Vieira essa Resolução da ILA, depois de notar, enfatizar, observar, lembrar, reconhecer, afirmar, declarar-se consciente de, reconhecer, reafirmar e levar em consideração vários documentos, conceitos e princípios, e levando em especial conta os documentos resultantes das Conferências das Nações Unidas em 92 (Meio Ambiente e Desenvolvimento, Rio); em 93 (progresso social para o desenvolvimento, Copenhagen e direitos humanos em Viena); em 94 (população e desenvolvimento, Cairo, e pequenos Estados insulares e o desenvolvimento sustentável, Barbados), em 95 (mulheres e desenvolvimento, Pequim) em 2001 (países de menor desenvolvimento relativo, Bruxelas) e 2002 (financiamento para o desenvolvimento, Monterrey), considera que seria instrumental, na busca eficiente do objetivo do desenvolvimento sustentável, que todos os atores envolvidos no processo aplicassem e, quando relevante, consolidassem ou melhor desenvolvessem, os seguintes princípios de direito internacional que seguem abaixo[60].

Na realidade o documento define sete subprincípios jurídicos que atuam na implementação do desenvolvimento sustentável, quais sejam: (1) o dever dos países de garantir o uso sustentável dos recursos naturais; (2) a equidade e a erradicação da pobreza; (3) as responsa-

---

57 O relatório foi resultado da 70ª. Conferência Plenária da ILA, ocorrida entre 02 e 06 de abril de 2012, em Nova Delhi, na Índia.

58 ILA.New Delhi Declaration of Principles of International Law Relating to Sustainable Development.Disponível em <http://cisdl.org/tribunals/pdf/NewDelhiDeclaration.pdf>. Acesso em: 03 Fev. 2013.

59 CORREA, Fabiano de Andrade. *Marcos jurídicos para o desenvolvimento sustentável: oportunidades e desafios da via regiona*l. Disponível em: <http://ictsd.org/i/news/pontes/178346/# sthash.ipA3FjWu.dpuf>. Acesso em: 15 dez 2013.

60 VIEIRA, Susana Camargo. Desenvolvimento sustentável. A evolução do conceito. *Jus Navigandi*, Teresina, ano 13, n. 1961, 13 nov. 2008 . Disponível em: <http://jus.com.br/artigos/11961>. Acesso em: 2 Ago. 2012.

bilidades comuns, porém diferenciadas de todos os atores envolvidos no processo de desenvolvimento; (4) o princípio da precaução; (5) a participação pública e o acesso à informação e à justiça; (6) a boa governança; e (7) o princípio de integração e inter-relação, em particular em relação aos direitos humanos e aos objetivos sociais, econômicos e ambientais.

Lembra Susana Camargo Vieira que "essa Declaração foi não só encaminhada à Organização das Nações Unidas, como distribuída às diferentes Delegações Nacionais à Conferência de Joanesburgo [...] (sendo) apresentada e adotada pela Assembleia Geral, sendo hoje, um documento da ONU"[61].

Dentre os princípios destacados na Declaração de Nova Delhi, o da boa governança merece destaque. Os Estados estão cientes de que não mais conseguem resolver problemas sociais e ambientais e, ao mesmo tempo, propiciarem crescimento econômico sem a ajuda e coparticipação da sociedade civil.

O capítulo 06 da Declaração de Nova Delhi[62] é dedicado ao subprincípio da boa governança[63]:

> 6.1. The principle of good governance is essential to the progressive development and codification of international law relating to sustainable development[64].
> 6.2. Civil society and non-governmental organizations have a right to good governance by States and international organizations. Non-state actors should be subject to internal democratic governance and to effective accountability[65].

---

61 VIEIRA, Susana Camargo. Desenvolvimento sustentável. A evolução do conceito. *Jus Navigandi,* Teresina, ano 13, n. 1961, 13 nov. 2008. Disponível em: <http://jus.com.br/artigos/11961>. Acesso em: 2 Ago. 2012.

62 ILA. New Delhi Declaration of Principles of International Law Relating to Sustainable Development. Disponível em: <http://cisdl.org/tribunals/pdf/NewDelhiDeclaration.pdf>. Acesso em: 03 Fev. 2013.

63 O texto original da declaração está disponível em inglês e francês no site da ONU (A/CONF.199/8, 9 August 2002), e também no site da ILA: www.ila-hg.org.

64 O princípio da boa governança é essencial para o desenvolvimento progressivo e para a codificação do direito internacional relativo ao desenvolvimento sustentável.

65 A sociedade civil e as organizações não governamentais têm o direito a uma boa governança a ser realizada por Estados e organizações internacionais. Os atores

> 6.3. Good governance requires full respect for the principles of the 1992 Rio Declaration on Environment and Development as well as the full participation of women in all levels of decision-making. Good governance also calls for corporate social responsibility and socially responsible investments as conditions for the existence of a global market aimed at a fair distribution of wealth among and within communities[66].

Susana Camargo Vieira salienta que um ponto que não parece suficientemente lembrado, em trabalhos acadêmicos, é a importância da conversão do setor empresarial à causa do desenvolvimento sustentável. Isso começou na preparação da Rio 92, culminou na criação do Conselho Empresarial Mundial de Desenvolvimento Sustentável, e, no Brasil, teve e mantém grande impulso com o Conselho Empresarial Brasileiro de Desenvolvimento Sustentável – CEBDS – e ainda, com o livro de Fernando Almeida, " O Bom Negócio da Sustentabilidade"[67]

Não se pode duvidar que a Declaração de Nova Delhi constitui importantíssimo marco jurídico para a resolução dos "novos" problemas que assolam a humanidade. Consoante aos ensinamentos de Vieira[68], o atual problema socioambiental e econômico tem caráter holístico, necessitando que uma solução democrática e sustentável, apenas pode ser decorrente de uma boa sustentabilidade.

Ligia Maura Costa corrobora a importância da Declaração de Nova Delhi para o direito internacional e para o desenvolvimento sustentável diante da "[...] necessidade de uma perspectiva compreensível

---

não estatais devem estar sujeitos a uma governança democrática interna e à prestação de contas eficaz.

66 A boa governança requer pleno respeito aos princípios da Declaração do Rio de 1992 sobre Meio Ambiente e Desenvolvimento, bem como a plena participação das mulheres em todos os níveis de tomada de decisão. A boa governação exige também responsabilidade social corporativa e investimentos socialmente responsáveis, como as condições para a existência de um mercado global que visa uma distribuição justa da riqueza entre e dentro das comunidades.

67 VIEIRA, Susana Camargo. Desenvolvimento sustentável. A evolução do conceito. *Jus Navigandi*, Teresina, ano 13, n. 1961, 13 nov. 2008. Disponível em: <http://jus.com.br/artigos/11961>. Acesso em: 2 Ago. 2012.

68 Vieira. Susana Camargo. Governance, *Good Governance, Earth System Governance* ... and International Law.Polish Yearbook of International Law. Warsaw, Polônia: 2012. Vol. 32. p. 111-127. ISSN 0554-498X.

do direito internacional sobre os objetivos e atividades de integração social, econômica, financeira e ambiental"[69].

Sobre o tema, Susana Camargo Vieira ensina que o conceito de boa governança é uma qualificação do conceito de governança, que surgiu no campo das ciências sociais e políticas:

> [...] sustainable development functions are performed at various levels (local, regional, etc.) and aim at servicing society as a whole. Law, and international law, are among the tools to promote sustainable development, to the extent that they are based on a broad consensus at the domestic and international levels; and that the interaction of consensus building at and between these levels can be promoted by both law and international law insofar as they provide for efficient rulemaking mechanisms and for reliable devices supervising the application of rules[70].

Erik Denters cita os requisitos para se alcançar a boa governança:

> Good governance specifically addresses the quality of government and covers the following general principles: sensible economic and social policies, democratic decision-making, adequate governmental transparency and financial accountability, creation of a market friendly environment for development, measures to combat corruption, as well as respect for the rule of law, human rights and freedom of expression.[71]

---

69 COSTA, Ligia Maura. O papel dos fóruns internacionais no progresso do direito internacional do desenvolvimento sustentável. Ciências Sociais Aplicadas em Revista – UNIOESTE/MCR – v. 11 – n. 20 – 1º sem. 2011 – p. 19 – ISSN 1679-348X.

70 VIEIRA. Susana Camargo. *Governance, Good Governance, Earth System Governance* ... and International Law.Polish Yearbook of International Law. Warsaw, Polônia: 2012. Vol. 32.p. 116. ISSN 0554-498X. Tradução do autor: As funções de desenvolvimento sustentável são realizadas em vários níveis (local, regional, etc) e visam à manutenção da sociedade como um todo. As leis e o direito internacional estão entre as ferramentas para promover o desenvolvimento sustentável, na medida em que eles são baseados em um amplo consenso a nível nacional e internacional; e ainda, na medida em que preveem mecanismos de regulamentação eficientes e confiáveis para dispositivos de supervisão de aplicação das regras.

71 DENTERS, Erik. Good governance and development cooperation: towards a global approach, in: GINTHER *et al.* (eds.), pp. 308-321. The Resolution is included as Appendix II to the book (pp. 480-483). *Apud* Vieira. Susana Camargo. *Governance, Good Governance, Earth System Governance* ... and

Importante destacar que Estado algum consegue realizar uma boa governança sem a ajuda mútua de outros Estados ou de organizações privadas, sejam elas nacionais ou internacionais.

Konrad Ginther[72] define a governança como "a gestão das relações entre o governo e sua população dentro de uma determinada ordem constitucional", e boa governança como "o oposto de governança deficiente e ruim".

A governança global está se consolidando como a única forma possível para salvar o mundo globalizado dos atuais problemas da sociedade. Os fóruns internacionais demonstram a preocupação dos Estados e organizações privadas em promoverem uma gestão democrática e transparente dos recursos.

A sociedade humana está em constante evolução. Com a evolução social houve também a mudança do modo de pensar empresarial, que se reflete em novas atitudes de preservação ambiental, transparência no uso de recursos e maior desenvolvimento social.

Importante destacar que a Declaração de Nova Delhi sedimenta, em nível internacional, a mudança de paradigma já observada no setor empresarial. Como bem lembrado por Susana Camargo Vieira, hoje já existem mecanismos para financiamento e avaliação de empresas "verdes" – sendo pioneiro o banco Real/ABN (hoje Santander), cujo Portal de Sustentabilidade traz até glossário sobre o tema – o trabalho do Centro de Estudos em Sustentabilidade da EAESP da

International Law.Polish Yearbook of International Law.Warsaw, Polônia: 2012. Vol. 32. p. 116. ISSN 0554-498X. Tradução do autor: A boa governança aborda especificamente a qualidade do governo e abrange os seguintes princípios gerais: as políticas econômicas e sociais sensíveis; a tomada de decisão democrática; adequada transparência governamental e responsabilidade financeira; a criação de um ambiente favorável para o desenvolvimento; medidas de combate à corrupção; bem como o respeito às leis, aos direitos humanos e à liberdade de expressão.

72 GINTHER, Konrad. Constitutional orders and sustainable development: the Southern African experience and prospects, pp. 150-164. *Apud* VIEIRA. Susana Camargo. *Governance, Good Governance, Earth System Governance* ... and International Law.Polish Yearbook of International Law.Warsaw, Polônia: 2012. Vol. 32.p. 117. ISSN 0554-498X

FGV/SP e o Índice de Sustentabilidade BOVESPA, são exemplos do novo modo empresarial de aplicação da boa governança[73].

73 VIEIRA, Susana Camargo. Desenvolvimento sustentável. A evolução do conceito. *Jus Navigandi*, Teresina, ano 13, n. 1961, 13 nov. 2008. Disponível em: <http://jus.com.br/artigos/11961>. Acesso em: 2 Ago. 2012.

3
Consciência, Ética Ambiental e Responsabilidade Social

3.1. Por uma Ética Ambiental

É evidente que a sobrevivência dos seres vivos na Terra, incluindo o homem, depende da capacidade destes em respeitá-la. Conforme asseverado por Cristiane Derani, cada vez mais se torna visível à urgência de uma reavaliação das relações entre o homem e o meio ambiente[1].

Na busca de uma ética ambiental que possibilite a existência de vida digna para os seres vivos, o direito ao desenvolvimento sustentável surge como ramificação de um direito reformador que observa e reorganiza a trajetória da organização da atual sociedade de modo a conduzi-la e preservá-la para as futuras gerações.

A ética ambiental almeja à preservação dos bens ambientais, enquanto direito coletivo, para as presentes e futuras gerações, ou seja, um meio ambiente ecologicamente equilibrado e saudável como um direito das gerações futuras, fundamentado numa equidade intergeracional.

Segundo Lucas Abreu Barroso "o meio ambiente encontra-se alocado dentre os interesses ou direitos difusos, pois ultrapassa o plano dos interesses individuais das pessoas per si (transindividual) ou grupo, caracterizando-se por sua indivisibilidade"[2].

---

1 DERANI, Cristiane. Direito Ambiental Econômico. São Paulo: Max Limonad, 1997. Passim.

2 LISBOA, Roberto Senise. Contratos difusos e coletivos: consumidor, meio ambiente, trabalho, agrário, locação, autor. São Paulo: RT, 1997, p. 58 *Apud* BARROSO, Lucas Abreu. *A matéria ambiental na perspectiva da bioética e do biodireito*. Disponível em: <http://lucasabreubarroso.blogspot.com.br/>. Acesso em: 21 Nov. 2012.

Citando Roberto Senise Lisboa, Lucas Abreu Barroso defende que:

> O interesse difuso é necessidade de toda a sociedade, e não de grupos sociais determinados. É a *conflittualità massima* impessoal, expressão esta que designa a idéia de conflito de interesse em seu grau máximo possível, em sociedade... Por se tratar de necessidade de todos, não é necessidade apenas do Estado, mas inclusive dele, que, contudo, poderá vir a ser demandado para satisfação do direito subjetivo concernente[3].

Inobstante sua classificação *coletivo*, certo é que a compreensão da proteção ambiental deve almejar sempre ao seu caráter transversal, pois o mesmo perpassa todo o ordenamento jurídico, não lhe cabendo delimitação rígida e estática.

Enquanto direito fundamental, o meio ambiente deve ser compreendido como cláusula pétrea, devendo ser interpretado de modo a efetivar a existência de vida com dignidade, consoante preceitua o Estado Democrático de Direito.

O Estado Democrático de Direito, segundo assegura Almeida, busca a proteção constitucional de direitos fundamentais, não realizando distinção entre direitos individuais e coletivos. Assim sendo, inobstante o meio ambiente apresentar-se como direito difuso, certo é que este direito pode possuir aplicação individual, merecendo todo o amparo do artigo 60, §4º, IV da CRFB/1988. Esse direito tem uma correlação com os direitos fundamentais previstos em tese no art. 5° da referida carta magna[4].

Mister se faz destacar que o legislador constituinte listou no artigo 5° da Constituição Federal os direitos e deveres individuais e coletivos, acrescentando, contudo, no caput do artigo 225, um novo direito fundamental que assegura aos seres vivos a existência da vida, com

---

3 LISBOA, Roberto Senise. Contratos difusos e coletivos: consumidor, meio ambiente, trabalho, agrário, locação, autor. São Paulo: RT, 1997, p. 58 *Apud* BARROSO, Lucas Abreu. *A matéria ambiental na perspectiva da bioética e do biodireito*. Disponível em: <http://lucasabreubarroso.blogspot.com.br/>. Acesso em: 21 Nov. 2012.

4 ALMEIDA, Gregório de Assagra. *Direito Material Coletivo* – Superação da *Summa divisio* Direito Público e Direito Privado por uma nova *Summa divisio* Constitucionalizada. Belo Horizonte: Del Rey, 2008. p. 470.

qualidade, em um meio "ecologicamente equilibrado". Nesse sentido, a noção de proteção ambiental agrega a compreensão dos direitos fundamentais da pessoa humana, como disposto no artigo 5°.

Antônio Benjamin, citado por Canotilho, diz que o direito ao meio ambiente "é direito de exercício coletivo (art. 129, III e § 1ª), mas também individual, não se perdendo a característica unitária do bem jurídico ambiental – cuja titularidade reside na comunidade ("todos")"[5].

Enquanto cláusula pétrea, o direito ao meio ambiente sadio e sustentável afirma-se também como direito formal e material a ser efetivado[6].

A importância do meio ambiente é traduzida, em termos jurídicos, não apenas pela consagração normativa, e no altiplano das normas constitucionais, mas como verdadeiro direito fundamental, e por isso beneficiário de um regime jurídico qualificadíssimo.

Projetando-se o futuro das novas gerações, deve-se repensar o sistema econômico em seus múltiplos aspectos. A Constituição da República Federativa do Brasil de 1988 tratou pela primeira vez da matéria relativa aos direitos fundamentais. Em nossa evolução constitucional é sem precedentes o reconhecimento do princípio da dignidade humana (artigo 1º, III CRFB/1988). Ocorre que não haverá possibilidade de prover vida digna se não houver um ambiente saudável e que preserve as condições mínimas para uma existência íntegra.

Seguindo orientação constitucional, o intérprete deve pugnar sempre pela manutenção do meio ambiente ecologicamente equilibrado, de modo que interesses individuais não se sobreponham aos interesses coletivos.

---

5 BENJAMIN, Antônio Herman. Constitucionalização do ambiente e ecologização da constituição brasileira. In: CANOTILHO, José Joaquim Gomes; LEITE, José Rubens Morato (org.). *Direito constitucional ambiental brasileiro*. São Paulo: Saraiva, 2007.

6 TEIXEIRA, Orci Paulino Bretanha. *O Direito Fundamental ao Meio Ambiente Ecologicamente Equilibrado Como Direito Fundamental*. Livraria do Advogado Editora. Porto Alegre. 2006. p.85. "A fundamentabilidade do direito ao meio ambiente ecologicamente equilibrado decorre de seu reconhecimento em Nossa Constituição como meio para preservação da vida humana – condição que revela a proteção jurídica do direito ao meio ambiente ecologicamente equilibrado no sentido formal e material.".

Segundo Plauto Faraco de Azevedo os processos ecológicos existenciais hão de ser preservados ou restaurados, sempre que isso for possível, compreendidos nesta finalidade a diversidade e integridade do patrimônio genético do País, a proteção da fauna e da flora, vedadas, na forma da lei, as práticas que coloquem em risco sua função ecológica, provoquem a extinção de espécies ou submetam os animais à crueldade (art. 225, §1º, I, II e VII CF)[7].

Diante de toda a proteção destinada ao meio ambiente, a empresa moderna despiu-se, nos dizeres de Heli de Souza Maia, "da roupagem típica do mercantilismo, que perseguia o lucro a qualquer custo e que até ceifava vidas se fosse necessário"[8].

Busca-se, através da ética ambiental, criar uma nova ordem mundial, onde o homem não mais satisfaça apenas seus desejos imediatos, mas, ao agir, busque atender suas necessidades e também as necessidades de outros seres vivos, bem como os desejos de gerações futuras.

Na busca pela ética ambiental, pautadas pelo conceito de cidadania empresarial[9], as sociedades empresárias devem buscar conciliar a obtenção de lucro com a responsabilidade social.

> "A responsabilidade social das organizações de todos os setores nasce de um contexto internacional em que temas como direitos humanos, direitos do trabalho, meio ambiente e desenvolvimento sustentável ganham vulto na discussão entre os países membros das Nações Unidas, resultando em diretrizes que, de certa forma, orientam a formulação conceitual do SER no âmbito principalmente empresarial".[10]

---

7 AZEVEDO, Plauto Faraco de. *Ecocivilização: ambiente e direito no limiar da vida*. 2ª ed. rev. atual e ampliada. São Paulo: Revista dos Tribunais, 2008. p. 132.

8 MAIA, Heli de Souza. *Atividade empresária e sustentabilidade ambiental*. Rio de Janeiro: Livre Expressão, 2013. p. 135.

9 Cidadania empresarial é a "contribuição que uma empresa dá à sociedade através das suas principais atividades comerciais, do seu investimento social e de programas filantrópicos, e ao seu compromisso com as políticas públicas. O modo como uma empresa gere as suas relações econômicas, sociais e ambientais, e o modo como se compromete com os seus parceiros (tais como acionistas, patrões, clientes, parceiros de negócio, governos e comunidades), tem impacto no sucesso da empresa em longo prazo". Disponível em: <http://www.apsiot.pt/ProjectoPoefds/CEmpresarial.html>. Acesso em 31 Out. 2012.

10 LOUETTE, Anne. Princípios e diretrizes internacionais. In: LOUETTE, Anne (Org.). *Gestão do conhecimento: compêndio para a sustentabilidade: ferramentas de gestão de responsabilidade socioambiental*. São Paulo: Antakarana Cultural Arte e Ciência, 2007. p. 37.

3.2. Responsabilidade Social Empresarial

Segundo Uadi Lammêgo Bulos a expressão função social é vaga, imprecisa e de difícil intelecção. Certo é que o conceito de função social possui previsão constitucional, com assento nos artigos 5º, XXIII e 170, III da Constituição Federal de 1988[11].

Sobre a função social constitucional aplicada ao setor empresarial, Maiana Alves Pessoa afirma que a Constituição Federal deu nova dimensão ao direito Civil, como na propriedade privada, que hoje ganha novo conteúdo, afirmado pela função social como motor de impulsão que, além de limitar o direito de propriedade, exige uma nova compreensão conceitual da propriedade[12].

Importante se faz destacar que a mudança do posicionamento do pensamento empresarial no tocante à responsabilidade social[13] é recente. Nesse contexto, a função social da empresa deve ser entendida como o respeito aos direitos e interesses dos que se situam dentro, próximo e ao entorno das empresas.

Nos anos 1960/1970, no auge da polarização mundial entre capitalistas e socialistas, o economista Milton Friedman[14] afirmava que não

---

11 BULOS, UadiLammêgo. *Constituição federal anotada*. São Paulo, Saraiva, 2009 p.149.

12 PESSOA. Maiana Alves. *A função social da empresa como princípio do direito civil constitucional*. Disponível em: <http://www.juspodivm.com.br/i/a/%7B87EEC8FE-FD48-47DE-BC41-8A0CBAEA9903 %7D_funcao-social-empresa-maiana-alves.pdf>. Acesso em: 11 Out. 2013.

13 No Brasil, um conceito aceito de Responsabilidade Social das Empresas foi o dado pelo Instituto Ethos de Empresas e Responsabilidade Social: "Responsabilidade social empresarial é a forma de gestão que se define pela relação ética e transparente da empresa com todos os públicos com os quais ela se relaciona e pelo estabelecimento de metas empresariais que impulsionem o desenvolvimento sustentável da sociedade, preservando recursos ambientais e culturais para as gerações futuras, respeitando a diversidade e promovendo a redução das desigualdades sociais". Disponível em: <http://www.internethos.org.br/DesktopDefault.aspx?TabID=3344&Alias=ethos &Lang =pt-BR>. Acesso em: 15 Jan. 2013.

14 Milton Friedman é considerado o principal representante do liberalismo no século XX. Economista americano defensor do livre mercado, pai do conceito monetarista que preconizava a quantidade de dinheiro na economia em circulação como fator determinante para os níveis de inflação. Foi ganhador do Prêmio Nobel de Economia em 1976 e autor do livro Capitalismo e Liberdade, em 1985.

poderia existir pleno desenvolvimento econômico e industrial caso os empresários almejassem atingir níveis de responsabilidade social e função social das empresas:

> When I hear businessmen speak eloquently about the "social responsibilities of business in a free-enterprise system," I am reminded of the wonderful line about the Frenchman who discovered at the age of 70 that he had been speaking prose all his life. The businessmen believe that they are defending free enterprise when they declaim that business is not concerned "merely" with profit but also with promoting desirable "social" ends; that business has a "social conscience" and takes seriously its responsibilities for providing employment, eliminating discrimination, avoiding pollution and whatever else may be the catchwords of the contemporary crop of reformers. In fact they are–or would be if they or anyone else took them seriously–preaching pure and unadulterated socialism. Businessmen who talk this way are unwitting puppets of the intellectual forces that have been undermining the basis of a free society these past decades.
> [...]
> The discussions of the 'social responsibilities of business' are notable for their analytical looseness and lack of rigor. What does it mean to say that 'business' has responsibilities? Only people can have responsibilities. A corporation is an artificial person and in this sense may have artificial responsibilities, but 'business' as a whole cannot be said to have responsibilities, even in this vague sense. The first step toward clarity in examining the doctrine of the social responsibility of business is to ask precisely what it implies for whom[15].

---

15 FRIEDMAN, Milton. *The Social Responsibility of Business is to Increase its Profits*. The New York Times Magazine, September 13, 1970. Disponível em: <http://www. colorado.edu/studentgroups/ libertarians/issues/friedman-soc-resp-business.html>. Acesso em: 02 Nov. 2012. Tradução do autor: Quando ouço os empresários falarem eloquentemente sobre as "responsabilidades sociais das empresas em um sistema de livre", lembro-me da linha maravilhosa sobre o francês que descobriu com a idade de 70 que ele tinha falado em prosa toda a sua vida. Os empresários acreditam que eles estão defendendo a livre iniciativa quando declamam que no negócio não está em pauta "apenas" o lucro, mas também a finalidade da promoção social desejável; que as empresas têm uma "consciência social" e levam a sério as suas responsabilidades pela prestação de empregos, eliminar a discriminação, evitando a poluição e qualquer outra coisa que podem ser os lemas da cultura contemporânea dos reformadores. Na verdade, eles são, ou seriam, se eles ou qualquer outra pessoa levassem a sério o que pregam sobre socialismo puro. Empresários que falam desta maneira são como animais de estimação, cachorros inconscientes das forças intelectuais que foram minando

Com o fim das disputas entre Estados capitalistas e socialistas, chegou-se a um consenso no sentido de não ser possível a paralisação dos meios de produção empresarial em detrimento da preservação ambiental ou qualidade de vida das comunidades. Firmou-se, também, em sentido contrário, consenso de que as indústrias não poderiam continuar a produzir explorando mão de obra ou degradando o meio ambiente, como faziam até então.

Era necessária a mudança no modo de agir dos particulares, da atuação estatal e do regramento jurídico. O Estado deveria continuar proporcionando ampla e ilimitada proteção aos direitos de propriedade, mas deveria preocupar-se também em ver se, no exercício deste direito, as propriedades estariam atendendo à sua função social.

Sobre o tema, Giovanna Filomena Silveira Teles afirma que é patente o caráter social da Constituição Federal de 1988. O art. 5º, em seu inciso XXIII, prescreve o princípio da função social da propriedade, função esta reafirmada no parágrafo primeiro do artigo 1228. Ainda na Carta Magna, os artigos 182 a 186, tratam de modo específico a questão da propriedade, destacando a função social desta. No tocante especificamente às empresas, o principal dispositivo a expressar a moderna visão do papel das empresas é o artigo 170 da Constituição[16].

Sobre a mudança no modo de atuar das empresas, ocorrida no final do século XX, após a alteração do ordenamento jurídico, Francesco Mancuso ao introduzir a obra *Le Droitdes Gens*, de Vattel[17], afirma que "as leis não são constitutivas da sociedade, mas estabelecem os obje-

a base de uma sociedade livre dessas décadas passadas. As discussões sobre as "responsabilidades sociais das empresas" são notáveis por sua frouxidão analítica e falta de rigor. O que significa dizer que as "empresas" têm responsabilidades? Apenas as pessoas podem ter responsabilidades. A corporação é uma pessoa artificial e, neste sentido, pode ter responsabilidades artificiais, mas "empresas" como um todo não podem ter responsabilidades, mesmo neste sentido vago. O primeiro passo para a clareza na análise da doutrina da responsabilidade social das empresas é perguntar exatamente o que isso implica e para quem.

16 TELES, Giovanna Filomena Silveira. *A função social da empresa.* Disponível em: <http://blog.newtonpaiva.br/direito/wp-content/uploads/2012/08/PDF-D13-03.pdf>. Acesso em: 20 Dez. 2012.

17 VATTEL, Emmerich de. *O Direito das Gentes ou Princípios da Lei Natural Aplicados à Condução e aos Negócios das Nações e dos Governantes.* Tradução de Ciro Mioranza. Introdução de Francesco Mancuso. Ijuí: Unijuí, 2008. 992 p.

tivos das mesmas, ou seja, as tensões para aperfeiçoamento individual e coletivo".

Conforme ensinamentos de Eloy Pereira Lemos Junior[18] "no mundo atual reitera-se a importância da empresa para a economia e sua função social, especialmente na maioria dos países desenvolvidos ou em desenvolvimento".

Ao inserir e relacionar a função social e o ordenamento econômico nacional dentro de artigo específico da Constituição Federal de 1988[19], tem-se por livre interpretação, que a ordem econômica é baseada na livre iniciativa, valorizando o regime capitalista, desde que cumprida a função social. Conclui-se, portanto, que a função das empresas é atender, prioritariamente, às necessidades básicas das pessoas, garantida a propriedade privada.

Sobre o tema, Giovanna Filomena Silveira Teles ressalta ainda que "a atividade econômica só se legitima e cumpre seu papel quando gera empregos, fomenta a sociedade, e garante uma existência digna às pessoas", superando a afirmativa de que a missão precípua das organizações econômicas é apenas gerar lucro aos proprietários e investidores[20].

Importante se faz destacar que ao escrever sua obra, nos idos de 1758, Vattel[21] já defendia, ainda que sob outro ângulo, a função social para satisfação da coletividade: "os homens são obrigados a assistir-se mutuamente, tanto quanto possível, e a contribuir para a perfeição e a felicidade de seus semelhantes"[22].

18 LEMOS JUNIOR, Eloy Pereira. *Empresa e função social*. p. 23.

19 CRFB/88. Art. 170. A ordem econômica, fundada na valorização do trabalho humano e na livre iniciativa, tem por fim assegurar a todos existência digna, conforme os ditames da justiça social, observados os seguintes princípios [...].

20 TELES, Giovanna Filomena Silveira. *A função social da empresa*. Disponível em: <http://blog.newtonpaiva.br/direito/wp-content/uploads/2012/08/PDF-D13-03.pdf>. Acesso em: 20 Dez. 2012.

21 Emmerich de Vattel (1714 – 1767) foi filósofo, diplomata e jurista suíço cujas teorias lançaram as bases do moderno direito internacional e da filosofia política. Sua obra mais famosa é o Direito das Gentes (em francês, Droitdesgens; ou, Principes de laloinaturelleappliqués à laconduite et aux affaires desnations et dessouverains), de 1758. Disponível em: <http://global.britannica.com/EBchecked/topic/624086/Emmerich-de-Vattel>. Acesso em: 10 Set. 2013.

22 VATTEL, Emmerich de. *O Direito das Gentes ou Princípios da Lei Natural Aplicados à Condução e aos Negócios das Nações e dos Governantes*. Tradução de Ciro Mioranza. Ijuí: Unijuí, 2008. p.223.

Ensina Rosa Maria Fischer[23], sobre o tema, que o conceito de responsabilidade social empresarial ou corporativa é cunhado no âmbito da teoria das organizações, como uma das funções organizacionais a serem administradas, no fluxo das relações e interações, que se estabelecem entre os sistemas empresariais específicos e o sistema social mais amplo.

A verificação da função social da empresa se faz de forma simples e direta, sendo necessário observar se a empresa atingiu seus objetivos financeiros, e promoveu o aumento ou a manutenção de riqueza em seu entorno, sem prejuízo a quem quer que seja. Não se pode dizer que uma empresa cumpriu a função social quando gerou prejuízo a ela, a terceiros ou à sociedade.

Encontra-se totalmente ultrapassado o caráter eminentemente individualista que predominou outrora. Com o advento da atual Constituição Federal, a função social, não só da empresa, mas de qualquer instituição, é regra no ordenamento brasileiro.

3.3. Governança Privada do Desenvolvimento Sustentável: Indicadores de Sustentabilidade

O desenvolvimento sustentável tornou-se a melhor e principal opção de desenvolvimento socioeconômico da atualidade. Tradicionalmente aplicado às sociedades empresárias, o conceito clássico de desenvolvimento econômico não contemplava a questão social, nem tão pouco a questão ambiental.

A partir do final dos anos 1980 e início da década de 1990 começam a surgir novas ferramentas destinadas a mensurar as dimensões do desenvolvimento sustentável[24].

Segundo Maristela de Quadros Albé, "o interesse em rever conceitos, especialmente nas últimas décadas do século XX, mostrou que a noção de progresso associada à idéia de crescimento deveria ser revista em função das sucessivas crises ambientais, econômicas e sociais"[25].

---

23 FISCHER, Rosa Maria. *O desafio da colaboração: práticas de responsabilidade social entre empresas e o terceiro setor.* São Paulo: Gente, 2002, p. 75.

24 VAN BELLEN, Hans Michael. *Indicadores de sustentabilidade: uma análise comparativa.* 1.ed. Rio de Janeiro: Fundação Getúlio Vargas, 2005. 256 p.

25 ALBÉ, Maristela de Quadros. *Alguns indicadores de sustentabilidade para os*

Nos dizeres de Marcus Santos Lourenço:

> A constatação de que o meio ambiente não será capaz de suportar as atuais taxas de crescimento e de consumo da humanidade lançou pesquisadores e outros atores sociais na busca por um modelo de desenvolvimento que possa garantir a qualidade de vida das gerações atuais sem comprometer a capacidade de gerações futuras de sobreviverem e desenvolverem-se. Para alcançar a sustentabilidade de um sistema socioeconômico é necessário que se possa avaliar a evolução do sistema em direção à sustentabilidade. Várias ferramentas foram elaboradas na última década com o objetivo de mensurar a sustentabilidade de sistemas econômicos e sociais[26].

O termo "indicador" tem origem no latim "*indicare*", verbo que significa apontar. Indicadores servem, portanto, para indicar um caminho. Ou melhor, possibilidades de caminhos. Os Indicadores de Sustentabilidade foram planejados para permitir à empresa identificar caminhos possíveis para aprimorar sua gestão e seus processos[27].

A Agenda 21, em seu capítulo 40, ressaltou a necessidade de cada país estabelecer indicadores de desenvolvimento compatíveis com sua realidade interna. Posteriormente, vários encontros e conferências, que reuniram representantes de vários países, divulgaram novos parâmetros para se alcançar a sustentabilidade, utilizando determinados indicadores[28].

---

pequenos e médios produtores rurais do município de Jaquirana. Disponível em: <http://www.liberato.com.br/upload/arquivos/0131010716030816.pdf>. Acesso em: 15 Jan. 2013.

26 LOURENÇO, Marcus Santos. Questões técnicas na elaboração de indicadores de sustentabilidade. Disponível em: <http://www.unifae.br/publicacoes/pdf/sustentabilidade/marcus _lorenco.pdf>. Acesso em: 15 Jan. 2013.

27 Indicadores de sustentabilidade para a indústria. Disponível em: <http://www.indicador sustentavelabap.com.br/cartilha.pdf>. Acesso em 02 out 2013.

28 Agenda 21 (Conferência das Nações Unidas Sobre Meio Ambiente e Desenvolvimento). Capítulo 40. No desenvolvimento sustentável, cada pessoa é usuário e provedor de informação, considerada em sentido amplo, o que inclui dados, informações e experiências e, ainda, conhecimentos adequadamente apresentados. A necessidade de informação surge em todos os níveis, desde o de tomada de decisões superiores, nos planos nacional e internacional, ao comunitário e individual. As duas áreas de programas seguintes necessitam ser implementadas para assegurar que as decisões se baseiem cada vez mais

Não havendo no ordenamento jurídico regras específicas para quotizar e mensurar os níveis de desenvolvimento sustentável, os pesquisadores criam índices próprios para operacionalizar matematicamente seus cálculos.

Ana Maria Bicalho, por exemplo, adota como indicadores[29]: a capacidade, a equidade e a sustentabilidade, conforme figura:

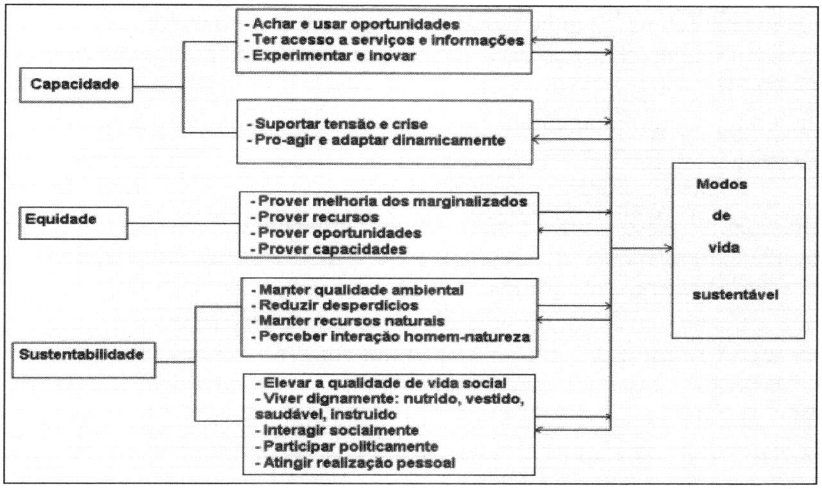

FIGURA 1 – Indicadores de capacidade, equidade e sustentabilidade
Fonte: BICALHO. Ana Maria de Souza Mello, 1998, p.78.

Fazendo menção aos diversos critérios de sustentabilidade, Clóvis Cavalcanti assevera, por exemplo, que “os índios da Amazônia nos oferecem um caminho para a sustentabilidade já que a procura por essa sustentabilidade resume-se à questão de se atingir harmonia entre seres humanos e a natureza”. Ao contrário do “homem civilizado” o

em informação consistente. Disponível em: <http://www. mma.gov.br/responsabilidade-socioambiental/agenda-21/agenda-21-global/item/720> . Acesso em 15 Jan. 2013.

29 BICALHO. Ana Maria de Souza Mello. Desenvolvimento rural sustentável e geografia agrária. In: *XII Encontro Nacional de Geografia Agrária*. 8, 1998. p.78.

índio vive de maneira sustentável com a natureza, com estilo de vida baseado "exclusivamente em fontes renováveis de energia"[30].

3.3.1. Índice de Sustentabilidade Empresarial

A Bolsa de Valores, Mercadorias e Futuros de São Paulo (BM&F Bovespa S.A.) criou um indicador denominado Índice de Sustentabilidade Empresarial (ISE) para servir como "ferramenta de análise comparativa da *performance* das empresas listadas na BM&F BOVESPA sob o aspecto da sustentabilidade corporativa, baseada em eficiência econômica, equilíbrio ambiental, justiça social e governança corporativa"[31].

Iniciativa pioneira na América Latina, o Índice de Sustentabilidade Empresarial (ISE) da BOVESPA buscou criar um ambiente de investimento compatível com as demandas de desenvolvimento sustentável da sociedade contemporânea.

Iniciado em 2005, foi originalmente financiado pela International Finance Corporation (IFC), braço financeiro do Banco Mundial, seu desenho metodológico é responsabilidade do Centro de Estudos em Sustentabilidade (GVCes) da Escola de Administração de Empresas de São Paulo da Fundação Getúlio Vargas (FGV-EAESP). A Bolsa é responsável pelo cálculo e pela gestão técnica do índice.

O Índice de Sustentabilidade Empresarial, segundo a Bovespa:

> É uma ferramenta para análise comparativa da performance das empresas listadas na bolsa sob o aspecto da sustentabilidade corporativa, baseada em eficiência econômica, equilíbrio ambiental, justiça social e governança corporativa. Também amplia o entendimento sobre empresas e grupos comprometidos com a sustentabilidade, diferenciando-os em termos de qualidade, nível de compromisso com o desenvolvimento sustentável, equidade, transparência e prestação de contas, natureza do produto, além

---

30 CAVALCANTI, Clovis. Sustentabilidade da economia: paradigmas alternativos da realização econômica. In: CAVALCANTI, Clovis (org). *Desenvolvimento e natureza: estudo para uma sociedade sustentável.* São Paulo: Cortez; Recife, PE: Fundação Joaquim Nabuco. 1998. p. 165.

31 Bolsa de Valores, Mercadorias e Futuros de São Paulo (BOVESPA). Índice de Sustentabilidade Empresarial – ISE. O que é ISE? Disponível em: <http://www.bmfbovespa.com.br/indices/ ResumoIndice.aspx?Indice=ISE&idioma=pt-br>. Acesso em: 02 Out. 2013.

do desempenho empresarial nas dimensões econômico-financeira, social, ambiental e de mudanças climáticas[32].

O Índice de Sustentabilidade Empresarial utiliza os indicadores agrupando as empresas em razão de sua sustentabilidade, diferenciando-as em termos de qualidade, nível de compromisso com o desenvolvimento sustentável, equidade, transparência e prestação de contas, natureza do produto, além do desempenho empresarial nas dimensões econômico-financeira, social e ambiental.

Segundo a BOVESPA, o objetivo do ISE é ser o indicador do desempenho médio das cotações dos ativos de empresas com reconhecido comprometimento em relação à a sustentabilidade empresarial.

O Conselho do ISE é presidido pela BM&F BOVESPA. Além da Bolsa, é composto pelas seguintes entidades: Associação Brasileira das Entidades Fechadas de Previdência Complementar (Abrapp), Associação dos Analistas e Profissionais de Investimento do Mercado de Capitais (Apimec), Associação Brasileira das Entidades dos Mercados Financeiro e de Capitais (Anbima), Grupo de Institutos Fundações e Empresas (GIFE), Instituto dos Auditores Independentes do Brasil (IBRACON), Instituto Brasileiro de Governança Corporativa (IBGC), Instituto Ethos de Empresas e Responsabilidade Social, International Finance Corporation (IFC), Programa das Nações Unidas para o Meio Ambiente (PNUMA) e Ministério do Meio Ambiente[33].

3.3.2. Global Reporting Iniciative

Outro importante indicador de sustentabilidade, a nível internacional, é o *Global Reporting Initiative* (GRI), representado por uma organização cujo objetivo é promover o desenvolvimento de relatórios de sustentabilidade em todos os tipos de organizações[34].

---

32 Bolsa de Valores, Mercadorias e Futuros de São Paulo (BOVESPA). O que é ISE. Apresentação. Disponível em: <https://www.isebvmf.com.br/index.php?r=site/conteudo&id=1>. Acesso em: 02 Out. 2013.

33 Bolsa de Valores, Mercadorias e Futuros de São Paulo (BOVESPA). ISE. Disponível em: <https://www.isebvmf.com.br/index.php?r=site/conteudo&id=35>. Acesso em: 02 Out. 2013.

34 Global Reporting Initiative (GRI). Disponível em: <https://www.globalreporting.org/>. Acesso em: 02 Out. 2013.

A *Global Reporting Initiative* foi pioneira e desenvolveu uma abrangente estrutura de relatórios de sustentabilidade, amplamente utilizada em todo o mundo. Um relatório de sustentabilidade é um relatório publicado por uma empresa ou organização sobre os impactos econômicos, ambientais e sociais causados por suas atividades cotidianas. Apresenta os valores da organização e o modelo de governança, e demonstra a ligação entre a sua estratégia e o seu compromisso com uma economia global sustentável.

Consoante definições da própria instituição, sua principal missão é fazer com que empresas e companhias realizem relatórios padrões de sustentabilidade[35].

A *Global Reporting Initiative* foi criada conjuntamente pela *Coalition for Environmentally Responsible Economies* (CERES)[36] e pelo Programa das Nações Unidas para o Meio Ambiente (PNUMA), em 1997, nos Estados Unidos.

Fundada por um grupo pequeno de investidores, em 1989, em resposta ao derramamento de óleo do Exxon Valdez[37], *Coalition for*

---

35 Global Reporting Initiative (GRI).What Is GRI?. Disponível em: <https://www.global reporting.org/information/about-gri/what-is-GRI/Pages/default.aspx>. Acesso em: 09 Mar. 2014. "GRI's mission is to make sustainability reporting standard practice for all companies and organizations. Its Framework is a reporting system that provides metrics and methods for measuring and reporting sustainability-related impacts and performance". Tradução do autor: A missão da GRI é fazer com que empresas e organizações assimilem a prática de realizar relatórios de sustentabilidade padrão. Seu quadro é um sistema de comunicação que fornece métricas e métodos para medir e relatar impactos e desempenhos relacionados à sustentabilidade.

36 Coalition for Environmentally Responsible Economies (CERES) ou Coalizão para Economias Ambientalmente Responsáveis – é uma organização sem fins lucrativos. Fundada em 1989, sua missão principal é mobilizar investidores e lideranças empresariais para construir uma próspera economia global sustentável. Disponível em: <https://www.globalreporting.org/information/about-gri/what-is-GRI/Pages/default.aspx>. Acesso em: 09 Mar. 2014.

37 Em março de 1989, o desastre do navio da maior petrolífera do mundo derramou 41 milhões de litros na costa do Alasca. O vazamento foi o pior que havia ocorrido até aquele momento na história, danificando mais de 1.300 quilômetros da costa americana, prejudicando a vida e os meios de subsistência de pessoas na região e matando centenas de milhares de aves e animais marinhos. Maior companhia petrolífera do mundo, a empresa, que comercializa seus produtos sob a marca Esso, foi multada em mais de US$ 5 bilhões pelos danos ambientais decorrentes

Environmentally Responsible Economies (CERES) vem trabalhando há mais de 20 anos para tecer estratégias e práticas sustentáveis no tecido e tomada de decisão de empresas, investidores e outros agentes econômicos fundamentais.

A CERES é um defensor para a liderança da sustentabilidade, mobilizando uma poderosa rede de investidores, empresas e grupos de interesse público para acelerar e expandir a adoção de práticas de negócios sustentáveis e soluções para a construção de uma economia global saudável.

> Ceres is an advocate for sustainability leadership. Ceres mobilizes a powerful network of investors, companies and public interest groups to accelerate and expand the adoption of sustainable business practices and solutions to build a healthy global economy[38].

A GRI produz relatórios com quadros abrangentes para o Desenvolvimento de Relatórios de Sustentabilidade que são amplamente utilizados em todo o mundo, definindo os princípios e indicadores que as organizações podem usar para medir e divulgar seu desenvolvimento econômico, ambiental e social. Com sede em Amsterdã, possui escritórios regionais (pontos focais) na Austrália, Brasil, China, Índia e Estados Unidos.

Organizações internacionais, como o GRI, podem ensinar aos empresários como conciliar crescimento industrial, desenvolvimento social e proteção ambiental. A premissa básica dos fundadores da GRI foi de que os relatórios padronizados poderiam ser usados para aferir e classificar as empresas, proporcionando um complemento valioso para os relatórios financeiros e para os investidores, além de propiciar às

---

do acidente do Exxon Valdez. O acidente ajudou a criar uma nova indústria em torno de grupos ambientalistas, organizações científicas, especialistas no trauma psicológico de derrames de petróleo. Disponível em: <http://topics.nytimes.com/top/reference/timestopics/subjects/e/exxon_valdez_oil_spill_1989/>. Acesso em: 11 Out. 2013.

38 Coalition for Environmentally Responsible Economies (CERES). *Who we are?* Disponível em: <http://www.ceres.org/about-us/who-we-are>. Acesso em: 08 Mar. 2014.

organizações da sociedade civil, dados concretos correlatos à responsabilidade corporativa[39].

Certo é que com longa tradição em relatórios exclusivamente financeiros, as empresas vêm percebendo que, ao elaborarem relatórios de sustentabilidade, encontram um caminho para refletir e internalizar o tema, além de tornar públicos sua própria visão, desafios e resultados econômicos, sociais e ambientais. Criam, assim, uma plataforma de comunicação e de diálogo com seus públicos (stakeholders)[40].

A visão da GRI é de que os relatórios de desempenho econômico, ambiental e social elaborados por todas as organizações se tornem tão rotineiros e úteis quanto são os tradicionais relatórios financeiros.

> The GRI Guidelines are often used in combination with other international initiatives, frameworks and guidance. GRI has global strategic partnerships with the Organisation for Economic Co-operation and Development, the United Nations Environment Programme and the United Nations Global Compact. Its Framework enjoys synergies with the guidance of the International Finance Corporation, the International Organization for Standardization's ISO 26000, the United Nations Conference on Trade and Development, and the Earth Charter Initiative[41].

---

39 No original, em inglês: "A core assumption of GRI's founders was that standardized information could be used for benchmarking and ranking companies, providing a valuable supplement to financial reporting for investors and empowering civil society organizations to demand greater corporate accountability". Fiorino, D. J. (2006).The new environmental regulation. Cambridge, MA: MIT Press.
apud Levy, David; Brown, Halina Szejnwald; and de Jong, Martin, "*The Contested Politics of Corporate Governance: The Case of the Global Reporting Initiative*" (2010). Management and Marketing Faculty Publication Series. Paper 1. Disponível em: <http://scholarworks.umb.edu/ management_marketing_faculty_pubs/1> .Acesso em: 08 Mar. 2014.

40 GREEN MOBILITY. *O que é Global Reporting Iniciative (GRI)?*. Disponível em: <http://greenmobility.wordpress.com/2008/07/23/o-que-e-gri/>. Acesso em: 02 Out. 2013.

41 Tradução do autor: As Diretrizes da GRI são frequentemente usadas em combinação com outras iniciativas internacionais, estruturas e orientação. GRI tem parcerias estratégicas globais com a Organização para a Cooperação Econômica e Desenvolvimento, o Programa das Nações Unidas para o Ambiente e pelo Pacto Global das Nações Unidas. Seus quadros estão de acordo com a orientação da Corporação Financeira Internacional, a Organização Internacional para Padronização da ISO 26000, a Conferência das Nações

Os relatórios de sustentabilidade baseados na GRI constituem uma plataforma para as empresas divulgarem suas iniciativas relacionadas ao Pacto Global, aos Objetivos do Milênio e aos Princípios do Equador; além desses relatórios estarem totalmente alinhados com os índices de sustentabilidade da bolsa de Nova York (DJSI) e de Londres (FTSE4good)[42].

No Brasil, vale ressaltar a sintonia dos relatórios GRI com diversas iniciativas tais como: o Índice de Sustentabilidade Empresarial (ISE) da Bovespa, os Indicadores de Autoavaliação do Instituto Ethos[43], as melhores práticas propostas pelo Instituto Brasileiros de Governança Corporativa (IBGC)[44], entre outras.

O **Conselho Empresarial Brasileiro para o Desenvolvimento Sustentável – CEBDS**[45] – foi a primeira instituição no Brasil a apresentar um **Relatório de Sustentabilidade** em 1997. Hoje, o Relatório é uma ferramenta usada por boa parte das empresas, não só para descrever suas atividades, mas, também, para conhecer melhor os procedimentos em relação aos aspectos econômicos, sociais e ambientais do processo produtivo das mesmas.

No mundo, das 2 mil empresas que realizam os Relatórios de Sustentabilidade no modelo do GRI (Global Reporting Initiative), 135 são brasileiras[46]. Das empresas associadas ao CEBDS, 46% delas realizam os Relatórios nos padrões do GRI.

Unidas sobre Comércio e Desenvolvimento, e da Iniciativa da Carta da Terra. Disponível em: <https://www.globalreporting.org/information/about-gri/alliances-and-synergies/Pages/default.aspx>. Acesso em: 02 Out. 2013.

42 GLOBAL REPORTING INICIATIVE. *About Sustainability Reporting*. Disponível em: <https://www.globalreporting.org/information/sustainability-reporting/Pages/default.aspx.>. Acesso em: 02 Out. 2013.

43 INSTITUTO ETHOS. Disponível em: <http://www3.ethos.org.br/conteudo/gestao-socialmente-responsavel/>. Acesso em: 02 Out. 2013.

44 INSTITUTO BRASILEIROS DE GOVERNANÇA CORPORATIVA (IBGC). Disponível em: <http://www.ibgc.org.br/Home.aspx>. Acesso em: 02 Out. 2013.

45 Conselho Empresarial Brasileiro para o Desenvolvimento Sustentável. Relatórios de Sustentabilidade. Disponível em: <http://www.cebds.org.br/relatorios-de-sustentabilidade/>. Acesso em: 18 Dez. 2013.

46 Algumas empresas que realizam os Relatórios de Sustentabilidade no modelo do GRI: 3M, Alcoa Alumínio S.A., Ambev, Banco do Brasil, Bayer S.A., BP,

Os indicadores de sustentabilidade reforçam a imagem positiva da empresa frente à sociedade:

> A divulgação de boas práticas no contexto empresarial é um incentivo para a reflexão sobre exemplos distintos do paradigma dominante, a troca de experiências entre as organizações que participam desse esforço promove o desenvolvimento empresarial estimulando a adoção de práticas pela melhoria do desempenho ambiental e aumento da competitividade das organizações. Os exemplos são importantes para demonstrar que as empresas que investem em sustentabilidade têm alcançado ganhos intangíveis relacionados à sua imagem e reputação e que, com o decorrer do tempo, são convertidos em lucro real[47].

A criação e utilização efetiva de indicadores internacionais para a mensuração de níveis de sustentabilidade demonstra, indubitavelmente, que as empresas mudaram sua posição enquanto *players* do desenvolvimento sustentável, se antes faziam oposição, hoje atuam com liderança na proteção ambiental e efetivação dos direitos fundamentais.

Braskem, Caixa, CCR, Coca-cola, Companhia Energética de Minas Gerais – CEMIG, Copel, Edp, Eletrobras, Furnas, Grupo Abril, Itau S.A., Michelin, Natura Cosméticos S.A, Petrobras, Philips, Santander, Shell Brasil S.A., Solvay, Souza Cruz, Suzano Papel e Celulose, Tim, Usiminas e Vale. Conselho Empresarial Brasileiro para o Desenvolvimento Sustentável. Relatórios de Sustentabilidade. Disponível em: <http://www.cebds.org.br/relatorios-de-sustentabilidade/>. Acesso em: 18 Dez. 2013.

47 CONSELHO EMPRESARIAL BRASILEIRO PARA O DESENVOLVIMENTO SUSTENTÁVEL. Boas práticas. Disponível em: <http://www.cebds.org.br/boas-praticas/>. Acesso em: 18 Dez. 2013.

4

Evolução da atuação empresarial na efetivação dos direitos fundamentais – perspectiva através das conferências mundiais da ONU

4.1. Rio 92

A Conferência das Nações Unidas sobre Meio Ambiente e Desenvolvimento, denominada Rio 92, foi realizada em junho de 1992 na cidade do Rio de Janeiro/RJ, reunindo mais de 170 delegações internacionais[1].

A Rio 92 ou ECO 92, como também é comumente designada, foi realizada vinte anos após a Conferência de Estocolmo e, em tom conciliatório, pretendia estabelecer a responsabilidade dos Estados frente às questões ambientais[2].

A realização dessa Conferência Mundial serviu de base a diversos documentos sobre o meio ambiente, como o Protocolo de Kyoto, Carta da Terra, Convenção sobre Biodiversidade e Agenda 21.

Sobre a importância desta Conferência, Susana Camargo Vieira destaca que "já em 1998 – apenas seis anos depois da Rio 92 – WEISS *et al* registravam mais de mil instrumentos internacionais – entre tratados bi e multilaterais e importantes documentos não vinculantes

---

1 A Conferência das Nações Unidas sobre Meio Ambiente e Desenvolvimento (UNCED em inglês), é também conhecida como Cúpula da Terra, Eco 92 ou Rio 92.

2 No mesmo sentido, Heli de Souza Maia cita que a Declaração do Rio de Janeiro sobre Meio Ambiente e Desenvolvimento Sustentável reafirmou a Declaração da Conferência das Nações Unidas sobre o Meio Ambiente adotada em Estocolmo no ano de 1987. MAIA, Heli de Souza. *Atividade empresária e sustentabilidade ambiental.* Rio de Janeiro: Livre Expressão, 2013. p. 133.

– relacionados com a proteção ambiental”[3]. Normas de legislação ambiental existem, hoje, em praticamente todos os Estados, bem como nas Organizações Regionais de Integração Econômica.

Nesse sentido, Umberto Cordani ressalta que ao término da Conferência das Nações Unidas sobre Ambiente e Desenvolvimento, a Rio-92, foram assinados os mais importantes acordos ambientais globais da história da humanidade: as Convenções do Clima e da Biodiversidade, a Agenda 21, a Declaração do Rio para Meio Ambiente e Desenvolvimento, e a Declaração de Princípios para Florestas[4].

Entre os principais resultados da Conferência está o documento da Agenda 21, que pode ser definido como um roteiro para países, estados-membros e cidades, que expõe como crescer e ao mesmo tempo resolver problemas ambientais e sociais. O padrão de desenvolvimento da Agenda 21 se baseia no tripé da sustentabilidade, incluindo não só os Estados, mas também as Organizações não Governamentais e sociedades empresárias.

Em entrevista ao jornalista Eduardo Carvalho, Paulo Artaxo, especialista em mudanças climáticas e membro do Painel Intergovernamental sobre Mudança do Clima, o IPCC, afirma que a partir da Agenda 21 é que ampliaram os investimentos no tratamento de resíduos sólidos, de esgoto e, ainda investiram no aumento da reciclagem. “O fato de ver hoje empresas querendo se associar com a questão preservacionista é um reflexo da mudança que ocorreu em decorrência da Rio 92”[5]. Mudou o panorama do que vem a ser o desenvolvimento verde e sedimentou que é fundamental que as empresas e o governo tenham uma agenda positiva em relação ao meio ambiente.

---

3 VIEIRA, Susana Camargo. Desenvolvimento sustentável. A evolução do conceito. *Jus Navigandi*, Teresina, ano 13, n. 1961, 13 nov. 2008 . Disponível em: <http://jus.com.br/artigos/11961>. Acesso em: 7 mai. 2013

4 CORDANI, Umberto G., MARCOVITCH, Jacques e SALATI, Eneas. *Avaliação das ações brasileiras após a Rio-92*. Estud. av. vol.11 no.29, São Paulo Jan./Apr. 1997. ISSN 0103-4014. Disponível em: <http://dx.doi.org/10.1590/S0103-40141997000100019>. Acesso em: 15 Dez. 2013.

5 Carvalho, Eduardo. *Considerada fracasso na época, Rio 92 foi ‘sucesso’ para especialistas*. Globo Natureza. Disponível em: <http://www.mundosustentavel.com.br/2012/05/considerada-fracasso-na-epoca-rio-92-foi-sucesso-para-especialistas/> Acesso em: 15 Dez. 2013.

Já a representante das empresas, Marina Grossi, presidente do Conselho Empresarial Brasileiro para o Desenvolvimento Sustentável (CEBDS), afirmou ao jornalista que uma das bandeiras levantadas na época pelo setor foi a da ecoeficiência. Houve, por exemplo, a implementação do [sistema] ISO voltado à sustentabilidade e a preocupação em reduzir as emissões de carbono com o uso de ferramentas que contribuem para reduzir o impacto no clima, como os inventários de emissões[6].

A Declaração do Rio sobre Meio Ambiente e Desenvolvimento firma em seu preâmbulo:

> [...] o objetivo de estabelecer uma nova e justa parceria global mediante a criação de novos níveis de cooperação entre os Estados, os setores-chaves da sociedade e os indivíduos, trabalhando com vistas à conclusão de acordos internacionais que respeitem os interesses de todos e protejam a integridade do sistema global de meio ambiente e desenvolvimento [...]"[7].

Importante destacar, no relatório final da Conferência, a grande preocupação com o meio ambiente, conciliando a utilização de recursos naturais na busca pelo desenvolvimento sustentável, bem como o importante papel a ser desempenhado pelos Estados na nova ordem que se estabelecia: a governança global.

O princípio 03 da Declaração do Rio sobre Meio Ambiente e Desenvolvimento afirma: "o direito ao desenvolvimento deve ser exercido de modo a permitir que sejam atendidas equitativamente as necessidades de desenvolvimento e de meio ambiente das gerações presentes e futuras"[8].

---

6 Carvalho, Eduardo. *Considerada fracasso na época, Rio 92 foi 'sucesso' para especialistas*. Globo Natureza. Disponível em: <http://www.mundosustentavel.com.br/2012/05/considerada-fracasso-na-epoca-rio-92-foi-sucesso-para-especialistas/> Acesso em: 15 Dez. 2013.

7 Organização das Nações Unidas. *A Declaração do Rio sobre Meio Ambiente e Desenvolvimento*. Disponível em: <http://www.onu.org.br/rio20/img/2012/01/rio92.pdf>. Acesso em: 02 Dez. 2012.

8 No mesmo sentido, princípio 04: Para alcançar o desenvolvimento sustentável, a proteção ambiental constituirá parte integrante do processo de desenvolvimento e não pode ser considerada isoladamente deste.

A Declaração Final da Rio 92 refletia, em grande parte, mas com significativas melhorias e agora com grande adesão mundial, a Declaração de Estocolmo sobre Meio Ambiente, de 16 de junho de 1972, destacando a preocupação com a preservação e melhoria do ambiente humano:

> o homem tem o direito fundamental à liberdade, à igualdade e ao desfrute de condições de vida adequadas, em um meio ambiente de qualidade tal que lhe permita levar uma vida digna, gozar de bem-estar e é portador solene de obrigação de proteger e melhorar o meio ambiente, para as gerações presentes e futuras. (...) O desenvolvimento econômico e social é indispensável para assegurar ao homem um ambiente de vida e trabalho favorável (...)[9].

No tocante à governança global e a necessidade de maior interação entre Estados e sociedade civil, a Declaração previu, dentre outros:

> Princípio 5: Todos os Estados e todos os indivíduos, como requisito indispensável para o desenvolvimento sustentável, irão cooperar na tarefa essencial de erradicar a pobreza, a fim de reduzir as disparidades de padrões de vida e melhor atender às necessidades da maioria da população do mundo.
> Princípio 7: Os Estados irão cooperar, em espírito de parceria global, para a conservação, proteção e restauração da saúde e da integridade do ecossistema terrestre[...].
> Princípio 27: Os Estados e os povos irão cooperar de boa fé e imbuídos de um espírito de parceria para a realização dos princípios consubstanciados nesta Declaração, e para o desenvolvimento progressivo do direito internacional no campo do desenvolvimento sustentável. [10]

Restou claro, ao final da Conferência Mundial do Rio sobre Meio Ambiente e Desenvolvimento que boa governança em cada país e no plano internacional é fundamental para se atingir o desenvolvimento sustentável.

---

9 No mesmo sentido, princípio 04: Para alcançar o desenvolvimento sustentável, a proteção ambiental constituirá parte integrante do processo de desenvolvimento e não pode ser considerada isoladamente deste.

10 No mesmo sentido, princípio 04: Para alcançar o desenvolvimento sustentável, a proteção ambiental constituirá parte integrante do processo de desenvolvimento e não pode ser considerada isoladamente deste.

O Conselho Empresarial Brasileiro para Desenvolvimento sustentável (CEBDS), ao analisar o documento da Agenda 21 Global, da Conferência das Nações Unidas Sobre Meio Ambiente e Desenvolvimento, ressalta que as sociedades empresárias devem estar inseridas nos modelos de desenvolvimento sustentável. Pelo documento, conclui-se ser inevitável a mudança do paradigma até então adotado pelas empresas:

> 8.48. Os Governos devem estimular as empresas que:
> (a) Ofereçam informações ambientais pertinentes por meio de relatórios claros a acionistas, credores, empregados, autoridades governamentais, consumidores e o público em geral;
> (b) Desenvolvam e implementem métodos e normas para a contabilidade do desenvolvimento sustentável.
> [...]
> 30.1. **O comércio e a indústria, inclusive as empresas transnacionais, desempenham um papel crucial no desenvolvimento econômico e social de um país.** Um regime de políticas estáveis possibilita e estimula o comércio e a indústria a funcionar de forma responsável e eficiente e a implementar políticas de longo prazo. A prosperidade constante, objetivo fundamental do processo de desenvolvimento, é principalmente o resultado das atividades do comércio e da indústria. **As empresas comerciais, grandes e pequenas, formais e informais, proporcionam oportunidades importantes de intercâmbio, emprego e subsistência.** As oportunidades comerciais disponíveis para a mulher estão contribuindo para o desenvolvimento profissional dela, fortalecendo seu papel econômico e transformando os sistemas sociais. **O comércio e a indústria, inclusive as empresas transnacionais, e suas organizações representativas devem participar plenamente da implementação e avaliação das atividades relacionadas com a Agenda 21.**
> [...]
> 30.6. Os Governos, as empresas e as indústrias, inclusive as empresas transnacionais, devem tratar de aumentar a eficiência da utilização de recursos, inclusive com o aumento da reutilização e reciclagem de resíduos, e reduzir a quantidade de despejo de resíduos por unidade de produto econômico.
> [...]
> 30.14. **As associações industriais e comerciais devem estimular empresas a empreender programas para aumentar a consciência e a responsabilidade ambientais em todos os níveis, para fazer com que essas empresas se dediquem à tarefa de melhorar a performance am-**

biental com base em práticas de manejo internacionalmente aceitas. (destacamos).[11]

Os documentos finais da Rio 92 demonstraram que a segurança econômica e o bem estar humano dependem de ecossistemas saudáveis. Ressaltou-se a necessidade de acordos políticos globais para promover a transição rumo ao desenvolvimento sustentável. Destacou-se, por fim, que a sociedade civil e empresas deveriam ser incentivadas a proteger o meio ambiente, atuando como agentes da governança global em busca de desenvolvimento econômico e social[12].

4.2. Johanesburgo 2002

Realizada dez anos após a Conferência das Nações Unidas sobre o Meio Ambiente e o Desenvolvimento (CNUMAD), conhecida também como ECO-92, a Cúpula Mundial sobre Desenvolvimento Sustentável em Joanesburgo, África do Sul, ocorreu entre 2 e 4 de setembro de 2002[13].

---

11 Agenda 21 Global. *Conferência das Nações Unidas Sobre Meio Ambiente e Desenvolvimento. Conselho Empresarial Brasileiro para Desenvolvimento Sustentável (CEBDS)*. Sugestões e estudos para a Agenda 21. Disponível em: <http://www.cebds.org.br/media/uploads/pdf-capas-sugestoes-estudos-pesquisas/agenda_21.pdf>. Acesso em:15 Dez. 2013.

12 Radar Rio+20 – Histórico: As conferências da ONU e o Desenvolvimento Sustentável. "O Relatório Brundtland forneceu o roteiro para o mundo organizar o debate sobre desenvolvimento em novas instituições, princípios e programa de ações que promovessem a convergência dos três pilares do desenvolvimento sustentável. Foi a Rio-92, realizada no Rio de Janeiro em junho de 1992, que selou os acordos políticos entre os países que teriam como finalidade rechear o roteiro do Relatório Brundtland e negociar metas e o arcabouço institucional do novo momento. A Rio-92 pautou ainda as negociações sobre Desenvolvimento Sustentável e meio ambiente nas duas décadas seguintes graças à aprovação de um conjunto de tratados e declarações sob a chancela da ONU." Disponível em: <http://www.radarrio20.org.br/index.php?r=conteudo/view&id=9#sthash.T4eoTCPq.dpuf>. Acesso em: 14 Dez. 2013.

13 ONU. *Declaração de Joanesburgo sobre Desenvolvimento Sustentável*. Disponível em: <http://www.onu.org.br/rio20/img/2012/07/unced2002.pdf>. Acesso em: 18 Jan. 2014.

O principal documento da conferência foi o Plano de Implementação de Joanesburgo, que fortaleceu o papel da Comissão sobre Desenvolvimento Sustentável da ONU e reiterou metas para reduzir a perda de biodiversidade até 2010 e cortar pela metade a população sem acesso à água potável até 2015[14].

Segundo André Aranha Corrêa do Lago a Cúpula de Joanesburgo (Cúpula Mundial sobre Desenvolvimento Sustentável, 2002) foi convocada, por sua vez, com vistas a estabelecer um plano de implementação que acelerasse e fortalecesse a aplicação dos princípios aprovados no Rio de Janeiro. A década que separa as duas conferências confirmou o diagnóstico feito em 1992 e a dificuldade em se implementar suas recomendações[15].

O objetivo principal da Conferência, convocada através da Resolução 55/199 da Assembleia Geral das Nações Unidas, intitulada "Revisão decenal do progresso alcançado na implementação dos resultados da Conferência das Nações Unidas sobre Meio Ambiente e Desenvolvimento", seria rever as metas propostas pela Agenda 21.

Celso Lafer, então Ministro das Relações Exteriores do Brasil, em artigo que antecedeu a realização da Conferência de Joanesburgo, afirma:

> A Rio+10, portanto, deve ter seu escopo demarcado pela avaliação da implementação dos compromissos assumidos em 1992, na Conferência do Rio. No entender do Brasil, cabe ter presente as circunstâncias históricas que permitiram o consenso no Rio, em 1992, em torno da Agenda 21. Esse consenso deve ser preservado; qualquer idéia de se duplicar a Agenda 21 em Joanesburgo pode comprometer o êxito da Conferência. Tampouco deve a Conferência de Joanesburgo envolver o lançamento de qualquer novo processo negociador, especialmente em razão da necessidade de ainda se cumprirem os compromissos assumidos no Rio, há dez

---

14 Radar Rio+20. Durante a Rio+20, o site Radar trouxe uma cobertura especial, com matérias produzidas pelos parceiros da iniciativa – Gvces (Fundação Getúlio Vargas), Instituto Socioambiental e Instituto Vitae Civilis. Disponível em: <http://www.radarrio20.org.br/index.php?r=conteudo/ view&id =9#sthash.XJdVhn8L.dpuf>. Acesso em 15 jan 2014.

15 LAGO, André Aranha Corrêa do. Estocolmo, Rio, Joanesburgo: *O Brasil e as três conferências ambientais das Nações Unidas*. Brasília: Ministério das Relações Exteriores, 2006. 274 p.

> anos. A exemplo da Conferência do Rio, a reunião de Joanesburgo, não obstante a natureza técnica que permeia muitos dos temas a serem debatidos, será uma reunião de natureza eminentemente político-diplomática[16].

É André Aranha Corrêa do Lago quem afirma que os dez anos que se seguiram à Conferência do Rio "constituíram o período de maior crescimento econômico da história, impulsionado por circunstâncias políticas, como o fim da Guerra Fria e a decisão da China de integrar ao seu modelo os aspectos do sistema capitalista"[17].

Não obstante a evolução industrial e econômica, registrou-se na Conferência de Joanesburgo a dificuldade de implementação dos compromissos assumidos durante a Rio 92.

O então Secretário Geral da ONU, Kofi Annan, reconhecera durante uma entrevista, um mês antes de Joanesburgo, que "there cord in the decade since the Earth Summitis largely one of painfully slow progress and a deepening global environmental crisis"[18].

A expectativa, até então, era de que a Conferência Mundial de Joanesburgo levaria à definição de um plano de implementação do que já existia e que fosse capaz de conciliar o desenvolvimento dos países, com as necessidades sociais da população.

Importante destacar que um debate característico da Rio+10 foi a promoção de parcerias público-privadas, refletindo abordagens neoliberais mais vigorosas com a globalização que se acentuou nos anos 1990, com uma maior atuação do setor privado (e a correspondente expectativa menor de intervenção de governos) e da sociedade em questões de conservação ambiental e de desenvolvimento sustentável[19].

---

16 LAFER, Celso. *Rio+10: o Brasil na cúpula sobre desenvolvimento sustentável*. Disponível em: <http://www.faculdadeparque.com.br/ebooks/Rio_10_Brasil_cupula_desenvolvimento_sustentavel.pdf>. Acesso em: 13 Jan. 2014.

17 LAGO, André Aranha Corrêa do. *Estocolmo, Rio, Joanesburgo: O Brasil e as três conferências ambientais das Nações Unidas*. Brasília: Ministério das Relações Exteriores, 2006. p. 88.

18 TIME. *World Summit Special Report*, 26 de agosto de 2002, p. 22. Tradução do autor: O registro na década, desde a Cúpula da Terra, é em grande parte de progresso dolorosamente lento e de uma crise ambiental global que se aprofunda.

19 Radar Rio+20. *As Conferências da ONU e o desenvolvimento sustentável*. Disponível em: <http://www.radarrio20.org.br/index.php?r=conteudo/view&id=9#sthash.XJdVhn8L.dpuf>. Acesso em: 15 Jan. 2014.

Diversos autores[20] afirmam que a Conferência de Joanerburgo não conseguiu obter maior destaque em relação à Conferência realizada no Rio de Janeiro, em 1992, pois o tema ambiental perdeu importância nas discussões sobre globalização depois dos ataques terroristas ocorridos em 11 de setembro de 2001.

Se, pelo lado econômico, já se anunciava difícil um êxito em Joanesburgo, por outro, os atentados de 11 de setembro de 2001 provocaram uma mudança radical das prioridades da agenda política internacional que, também, não favorecia o debate sobre o desenvolvimento sustentável[21].

No mesmo sentido, Susana Camargo Vieira afirma que "a Rio+10, aconteceu no clima de pessimismo do contexto pós-11 de Setembro de 2001. A preocupação com a segurança se sobrepunha àquela com a cooperação para o desenvolvimento sustentável que norteara a Eco 92" [22].

Não obstante a grande probabilidade de fracasso da Cúpula Mundial realizada em Joanesburgo, o Brasil foi um dos protagonistas da Conferência.

Susana Camargo Vieira[23] afirma que o "Brasil lutou para evitar um retrocesso, liderando a *Iniciativa Latino Americana*, apresentando a proposta brasileira sobre energia e projetos de cooperação internacional para o desenvolvimento sustentável, aqui, bem sucedidos, como o Programa Piloto para a Proteção da Floresta Tropical Brasileira".

---

20 Posição sustentada por André Aranha Corrêa do Lago (http://www.jorgeamaro.com.br/0356.pdf), Radar Rio+20 (http://www.radarrio20.org.br/index.php?r=conteudo/view&id=9) e Roberto Pereira Guimarães e Yuna Souza dos Reis da Fontoura (Rio+20 ou Rio-20? Crônica de um fracasso anunciado – Disponível em: <http://www.scielo.br/scielo.php?script=sci_arttext&pid=S1414-753X2012000300003)>.

21 LAGO, André Aranha Corrêa do. *Estocolmo, Rio, Joanesburgo: O Brasil e as três conferências ambientais das Nações Unidas*. Brasília: Ministério das Relações Exteriores, 2006. p. 92.

22 VIEIRA, Susana Camargo. Desenvolvimento sustentável. A evolução do conceito. *Jus Navigandi*, Teresina, ano 13, n. 1961, 13 nov. 2008 . Disponível em: <http://jus.com.br/artigos/11961>. Acesso em: 13 Jan. 2014.

23 VIEIRA, Susana Camargo. Desenvolvimento sustentável. A evolução do conceito. *Jus Navigandi*, Teresina, ano 13, n. 1961, 13 nov. 2008 . Disponível em: <http://jus.com.br/artigos/11961>. Acesso em: 13 Jan. 2014.

Afirmando a posição de destaque que o Brasil ocuparia na Conferência de Joanesburgo, André Aranha Corrêa do Lago registra que "por iniciativa do Deputado Fabio Feldmann, e com o objetivo de ressaltar internacionalmente a liderança brasileira, realizou-se no Rio de Janeiro, nos dias 23 a 25 de junho de 2002, o Seminário Internacional Rio+10", que contou com mais de 1.200 participantes, entre os quais o Secretário-Geral das Conferências de Estocolmo e do Rio, Maurice Strong, e o Secretário-Geral da Cúpula de Joanesburgo, Nitim Desai[24].

O objetivo do Seminário era reunir personalidades e especialistas para discutir os impasses que se haviam verificado no processo preparatório da Cúpula Mundial sobre Desenvolvimento Sustentável, reiterar a importância do "legado do Rio" e identificar os resultados que se podia esperar de Joanesburgo.

Ainda segundo André Aranha Corrêa do Lago, organizou-se uma série de eventos que contaram com a presença do Presidente Fernando Henrique Cardoso, do Presidente da África do Sul, Thabo Mbeki, e do Primeiro-Ministro da Suécia, Göran Persson, entre outras personalidades políticas, que culminou com a cerimônia simbólica de transferência de sede da Conferência do Rio de Janeiro para Joanesburgo. O encontro dos três líderes procurou transmitir à opinião pública mundial o compromisso dos três "países-sede" das conferências ambientais das Nações Unidas com o desenvolvimento sustentável e a confiança dos líderes no sucesso da Cúpula de Joanesburgo, apesar do ceticismo da mídia e das incertezas quanto aos seus resultados, faltando apenas dois meses para a sua realização.

O então Chanceler Celso Lafer[25], ao pronunciar discurso na Segunda Sessão do Comitê Preparatório, acentuou a importância do processo que se iniciara com as Reuniões de Doha e Monterrey, para o qual a Cúpula de Joanesburgo tinha o papel fundamental de manter

---

24 LAGO, André Aranha Corrêa do. *Estocolmo, Rio, Joanesburgo: O Brasil e as três conferências ambientais das Nações Unidas*. Brasília: Ministério das Relações Exteriores, 2006. p. 173.

25 LAFER, Celso. *Rio+10: o Brasil na cúpula sobre desenvolvimento sustentável*. Disponível em: <http://www.faculdadeparque.com.br/ebooks/Rio_10_Brasil_cupula_desenvolvimento_sustentavel.pdf>. Acesso em: 13 Jan. 2014.

o "legado do Rio"[26], sendo que o pressuposto do desenvolvimento sustentável era o próprio desenvolvimento.

A questão da governança também foi muito debatida durante a Rio+10:

> A questão da boa governança, no entanto, merece especial atenção. Muitos dos maiores progressos do Brasil deram-se, nos últimos anos, na área de governança. Poucos países em desenvolvimento conseguiram estruturar internamente condições tão favoráveis à cooperação internacional: legislação moderna, democracia, descentralização, presença das ONGs, participação da mulher e de grupos minoritários. Em suma, todos os temas que constituem a agenda de governança fazem parte da agenda interna do País[27].

Lago ainda destaca que a discussão em torno das questões de governança – que, nos últimos anos, passou a ser referida como boa governança – provém não só da Agenda 21, mas também da ênfase dada na Declaração do Rio à maior participação da sociedade civil, principalmente o papel das mulheres, jovens, populações indígenas e comunidades locais.

A posição brasileira assegurava que os temas de boa governança interna fossem acompanhados pelos de boa governança internacional, como duas faces de uma mesma questão. [...] a boa governança internacional – aí incluída a governança econômica, financeira e comercial, bem como o reforço das Nações Unidas e do multilateralismo – é fundamental para a consecução do desenvolvimento sustentável[28].

---

26 Celso Lafer. Ministro de Estado das Relações Exteriores; Vice-Presidente da Conferência das Nações Unidas sobre Meio Ambiente e Desenvolvimento – a Rio 92. Entre tantos outros cargos que ocupou, foi representante permanente em Genebra de 1995 a 1998 e Ministro do Desenvolvimento, Indústria e Comércio em 1999. Lafer se envolveu pessoalmente em diversas negociações no âmbito da OMC e estava ciente de que o desenvolvimento sustentável não se atinge sem interação entre a atividade empresarial e proteção ambiental e desenvolvimento social.

27 LAGO, André Aranha Corrêa do. *Estocolmo, Rio, Joanesburgo: O Brasil e as três conferências ambientais das Nações Unidas.* Brasília: Ministério das Relações Exteriores, 2006. p. 179.

28 Ministério das Relações Exteriores. Relatório da Delegação do Brasil: Cúpula Mundial sobre desenvolvimento sustentável. California, BPR Publishers, 2004. p. 41.

Sobre a Conferência de Joanesburgo, em 2002, Celso Lafer demonstra que o pensamento e modo de agir global estavam mudando em relação ao desenvolvimento sustentável:

> Se compararmos Rio a Joanesburgo, devemos ter em mente que a primeira foi antes de tudo uma conferência conceitual, que em muitos aspectos expressou aspirações e uma visão comum dos objetivos a serem atingidos no campo ambiental. Joanesburgo, por seu turno, foi essencialmente uma conferência de implementação, na qual a consecução daqueles objetivos foi submetida ao teste da realidade. Entretanto, no atual ambiente "hobbesiano", Joanesburgo representa uma reafirmação da vontade da comunidade internacional de agir conjuntamente em questões cruciais, como aquelas ligadas ao desenvolvimento sustentável. Naturalmente, a extensão em que os compromissos assumidos serão cumpridos permanece algo a ser visto. O Brasil está empenhado em cumprir sua parte. Temos participado em todas as negociações multilaterais na área do desenvolvimento sustentável. O Brasil está convencido de que o regime internacional representado pela Convenção-quadro das Nações Unidas sobre Mudança do Clima e seu protocolo constitui o instrumento mais apropriado para guiar esforços internacionais de reverter o aquecimento global [29].

O documento final da Conferência, denominado Declaração de Joanesburgo sobre Desenvolvimento Sustentável[30], destacava logo de início que o futuro pertence às crianças e que os países se uniriam para que elas herdassem "um mundo livre da indignidade e da indecência causadas pela pobreza, pela degradação ambiental e por padrões de desenvolvimento insustentáveis".

A Declaração de Joanesburgo ressaltava as preocupações em colocar em prática a Agenda 21 e ainda reforçava a necessidade da boa governança associada às políticas empresárias privadas:

> [...] 7. Reconhecendo que a humanidade se encontra numa encruzilhada, estamos unidos numa determinação comum, a fim de realizar um esforço determinado para responder afirmativamente à necessidade de

---

29 LAFER, Celso. *Mudam-se os tempos: diplomacia brasileira 2001-2002*. Brasília: FUNAG/IPRI 2002. P. 65

30 ONU. Declaração de Joanesburgo sobre Desenvolvimento Sustentável. Disponível em: <http://www.onu.org.br/rio20/img/2012/07/unced2002.pdf>. Acesso em: 18 Jan. 2014.

> apresentar um plano prático e visível, que leve à erradicação da pobreza e ao desenvolvimento humano[31].
> 21. Reconhecemos o fato de que a sociedade global possui os meios e está dotada de recursos para encarar os desafios da erradicação da pobreza e do desenvolvimento sustentável que confrontam toda a humanidade. Juntos tomaremos medidas adicionais para assegurar que os recursos disponíveis sejam usados em benefício da humanidade.
> 27. Concordamos que, na busca de suas atividades legítimas, o setor privado, tanto grandes quanto pequenas empresas, têm o dever de contribuir para a evolução de comunidades e sociedades equitativas e sustentáveis.
> 29. Concordamos em que existe a necessidade de que as corporações do setor privado implementem suas responsabilidades corporativas. Isto deve ocorrer num contexto regulatório transparente e estável[32].

Como já dito, o mais importante documento publicado ao final da Rio+10 foi o "Plano de Implementação da Cúpula Mundial sobre Desenvolvimento Sustentável"[33].

Referido documento tem como ponto de partida os resultados obtidos desde a Conferência das Nações Unidas sobre Meio Ambiente e o Desenvolvimento e busca acelerar o cumprimento dos demais objetivos.

Dentre os mais de 170 (cento e setenta) tópicos abordados pelo Plano de Implementação, destacamos:

---

31 ONU. Declaração de Joanesburgo sobre Desenvolvimento Sustentável. Disponível em: <http://www.onu.org.br/rio20/img/2012/07/unced2002.pdf>. Acesso em: 18 Jan. 2014.

32 ONU. Declaração de Joanesburgo sobre Desenvolvimento Sustentável. Disponível em: <http://www.onu.org.br/rio20/img/2012/07/unced2002.pdf>. Acesso em: 18 Jan. 2014.

33 Plano de Implementação da Cúpula Mundial sobre Desenvolvimento Sustentável. Disponível em: <http://www.mma.gov.br/estruturas/ai/_arquivos/pijoan.doc>. Acesso em: 08 Jan. 2013. Dividido em 11 capítulos, o documento considera a Agenda 21 e os acordos firmados pela Eco-92 para listar as novas prioridades do desenvolvimento sustentável nas áreas de erradicação da pobreza, saúde, comércio, educação, ciência e tecnologia, recursos naturais. Indica também a implementação das parcerias Tipo I e Tipo II, iniciativas que constituíram o maior resultado da conferência. As parcerias descrevem uma série de compromissos e ações práticas para concretizar os compromissos políticos dos países relatados na Agenda 21, agora com o reforço de organizações internacionais e de empresas privadas.

> [...] 4. A boa governança em cada país e no plano internacional é fundamental para se atingir o desenvolvimento sustentável. No âmbito nacional, as políticas ambientais, econômicas e sociais corretas, as instituições democráticas que levam em conta as necessidades da população, o estado de direito, as medidas de luta contra a corrupção, a igualdade entre os gêneros e um ambiente propício aos investimentos constituem a base do desenvolvimento sustentável. Como consequência da globalização, fatores externos se tornaram críticos no momento de determinar o sucesso ou o fracasso dos esforços realizados pelos países em desenvolvimento em nível nacional. A distância entre os países desenvolvidos e em desenvolvimento indica que ainda se faz necessário promover um ambiente econômico internacional dinâmico que favoreça a cooperação internacional, em particular nas áreas de finanças, transferência de tecnologia, dívida e comércio, assim como a participação plena e efetiva dos países em desenvolvimento no processo de tomada de decisões em nível global, caso se pretenda manter e intensificar o progresso mundial em relação ao desenvolvimento sustentável[34].

O plano ainda consigna a importância das sociedades empresárias na implementação do desenvolvimento sustentável, destacando a necessidade de aumentar os investimentos na produção mais limpa e na eficiência ecológica em todos os países, mediante, entre outros, incentivos, planos de apoio e políticas destinadas a estabelecer marcos normativos, financeiros e legais adequados[35].

O documento, por fim, reconhecia a importância dada à relação entre o meio ambiente e os direitos humanos, incluindo o direito

---

34 Plano de Implementação da Cúpula Mundial sobre Desenvolvimento Sustentável. Disponível em: <http://www.mma.gov.br/estruturas/ai/_arquivos/pijoan.doc>. Acesso em: 08 Jan. 2013. Dividido em 11 capítulos, o documento considera a Agenda 21 e os acordos firmados pela Eco-92 para listar as novas prioridades do desenvolvimento sustentável nas áreas de erradicação da pobreza, saúde, comércio, educação, ciência e tecnologia, recursos naturais. Indica também a implementação das parcerias Tipo I e Tipo II, iniciativas que constituíram o maior resultado da conferência. As parcerias descrevem uma série de compromissos e ações práticas para concretizar os compromissos políticos dos países relatados na Agenda 21, agora com o reforço de organizações internacionais e de empresas privadas.

35 Plano de Implementação da Cúpula Mundial sobre Desenvolvimento Sustentável. Item 16. Disponível em: <http://www.mma.gov.br/estruturas/ai/_arquivos/pijoan.doc>. Acesso em: 08 Jan. 2013.

ao desenvolvimento sustentável, com necessidade de atuação plena e transparente do setor público em parceria com o privado.

O setor privado, incluindo as sociedades empresárias, reafirmou seu destaque no mundo globalizado e sua importância para a sustentabilidade e boa governança.

4.3. Rio + 20

A Conferência das Nações Unidas sobre Desenvolvimento Sustentável, denominada Rio+20, foi realizada de 13 a 22 de junho de 2012 no Brasil, na cidade do Rio de Janeiro.

A Rio+20 foi realizada vinte anos após a Conferência das Nações Unidas sobre Meio Ambiente e Desenvolvimento, Rio-92, sendo que a economia verde e o desenvolvimento sustentável foram os principais temas debatidos[36].

Se a Rio-92 demostrou a clara sinalização em termos de avanços no que se refere ao desenvolvimento sustentável, era "necessário que o desenvolvimento estivesse em consonância com o meio ambiente ecologicamente equilibrado" [37].

A realização posterior da Cúpula Mundial sobre Desenvolvimento Sustentável em Joanesburgo e da Conferência das Nações Unidas sobre Desenvolvimento Sustentável demonstrava que a materialização de acordos em ações concretas de proteção ao ambiente haviam sido pouco efetivas nos últimos vinte anos.

O chamado das Nações Unidas para a Conferência da Rio+20 foi classificado por especialistas como ambicioso, propondo aos Estados, à sociedade civil e aos cidadãos, estabelecer "os alicerces de um mundo de prosperidade, paz e sustentabilidade", apontando três temas centrais: 1. Reforçar os compromissos políticos em favor do desenvolvimento sustentável; 2. Expor um resumo dos avanços e dificuldades

---

36 Dentre os participantes da Rio+20, esteve presente a Dra. Susana Camargo Vieira, Professora da Universidade de Itaúna, como delegada representante da ILA – International Law Association. Disponível em: <http://www.ilabrasil.org.br/agenda/noticia/rio-20>. Acesso em: 24 Jan. 2014.

37 MAIA, Heli de Souza. Atividade empresária e sustentabilidade ambiental. Rio de Janeiro: Livre Expressão, 2013. p. 132.

associados à sua implementação; 3. Analisar as respostas aos novos desafios emergentes das sociedades[38].

Restou claro, durante a realização da Conferência, a consciência de um mundo que enfrenta transições cada vez mais importantes e de uma sociedade civil audaciosa e com uma capacidade crescente de manifestação. Isto ficou claramente demonstrado com a realização da Cúpula dos Povos[39].

Segundo a Declaração final da Cúpula dos Povos na Rio+20 por justiça social e ambiental em defesa dos bens comuns, contra a mercantilização da vida:

> A Cúpula dos Povos é o momento simbólico de um novo ciclo na trajetória de lutas globais que produz novas convergências entre movimentos de mulheres, indígenas, negros, juventudes, agricultores/as familiares e camponeses, trabalhadores/as, povos e comunidades tradicionais, quilombolas, lutadores pelo direito a cidade, e religiões de todo o mundo. As assembleias, mobilizações e a grande Marcha dos Povos foram os momentos de expressão máxima destas convergências[40].

A Rio+20 foi de fundamental importância para demonstrar a necessidade da sociedade civil de se organizar, não apenas para se opor contra mudanças ou políticas estatais, mas para demonstrar sua capacidade de organização e possibilidade de criar, sugerir e concretizar, independentemente das políticas públicas, ações de proteção ambiental.

---

38 ASSIS, Fernando. *Uma boa prática de sustentabilidade*. Disponível em: <http://www.ubqjf.org.br/site/do.php?action=Blog&postpai=Fique%20por%20dentro&paginaRequerida=15>. Acesso em: 24 Jan. 2014. No mesmo sentido, Rosana Vicente Gnipper (Coordenadora do Fórum Permanente da Agenda 21 na Secretaria Estadual de Meio Ambiente e Recursos Hídricos do Paraná). Disponível em: <http://www.ilustrado.com.br/2011/ExibeNoticia.aspx?NotID= 22410&tipo= impressao> e Portal Rio+20.

39 A Cúpula dos Povos na Rio+20 por Justiça Social e Ambiental foi um evento organizado pela sociedade civil global que aconteceu entre os dias 15 e 23 de junho no Aterro do Flamengo, no Rio de Janeiro – paralelamente à Conferência das Nações Unidas sobre Desenvolvimento Sustentável (UNCSD), a Rio+20. Disponível em: <http://cupuladospovos.org.br/o-que-e/>. Acesso em: 24 Jan. 2014.

40 Declaração final da Cúpula dos Povos na Rio+20 por justiça social e ambiental em defesa dos bens comuns, contra a mercantilização da vida. Disponível em: <http://cupuladospovos.org.br/wp-content/uploads/2012/06/Carta-final_Cupula-dos-Povos.pdf>. Acesso em: 24 Jan. 2014.

A Conferência resultou em um documento final firmado por 188 países, que dita o caminho para a cooperação internacional sobre desenvolvimento sustentável. O Secretário-Geral da ONU, Ban Ki-Moon, afirmou aos participantes durante a cerimônia de encerramento que o documento final ofereceria uma base sólida para o bem-estar social, econômico e ambiental. Agora é nossa responsabilidade construir sobre esta base. A Rio+20 afirmou princípios fundamentais – renovou compromissos essenciais – e deu-nos uma nova direção. [41]

Ao final da Conferência o secretário-geral da Rio+20, Sha Zukang[42], afirmou que parte do legado da Rio+20 são os compromissos voluntários firmados entre setor privado, governos e sociedade civil. Segundo ele, foram registrados 705 acordos, que irão direcionar R$ 1,6 trilhão ao desenvolvimento sustentável nos próximos dez anos.

O Secretário-Geral da ONU, Ban Ki-Moon, **na Assembleia Geral, na sede de Nova York, comentou os resultados da Conferência das Nações Unidas sobre Desenvolvimento Sustentável (Rio+20):**

> "Deixe-me ser claro. A Rio+20 foi um sucesso. No Rio, vimos a evolução de um movimento global inegável para a mudança. Mais de 100 Chefes de Estado ou de Governo estiveram representados na Conferência. E a sociedade civil e o setor privado tiveram um papel sem precedentes. [...] Sabemos que os governos sozinhos não podem fazer o trabalho. Precisamos da participação ativa e apoio de todos os principais grupos da sociedade civil, incluindo o setor privado. Se o documento final é a base para a próxima fase da nossa jornada para o desenvolvimento sustentável, os compromissos anunciados no Rio são os tijolos e o cimento. A Cúpula dos Povos nos lembra que a Carta das Nações Unidas começa com as palavras "Nós os povos". O desenvolvimento sustentável é sobre pessoas – o bem-estar dos indivíduos, famílias, comunidades e nações.A Rio+20 reafirmou princípios essenciais para o desenvolvimento sustentável. [...]"[43]

---

41 DO RIO À RIO+20. Disponível em: <http://www.onu.org.br/rio20/alem-da-rio20-avancando-rumo-a-um-futuro-sustentavel/>. Acesso em 24 Jan. 2014.

42 Documento final da Rio+20 é oficialmente adotado por mais de 190 países. Disponível em: <http://www.jornaldaciencia.org.br/Detalhe.jsp?id=82966>. Acesso em: 24 Jan. 2014.

43 Declaração de Ban Ki-moon à Assembleia Geral da ONU sobre os resultados da Rio+20. Disponível em: <http://www.onu.org.br/rio20/tema/documento-final/>. Acesso em: 24 Jan. 2014.

O documento final da Rio+20, denominado *The Future We Want*[44]foi importante, segundo resultados divulgados pela Organização das Nações Unidas[45], para que os países renovassem seus compromissos com o desenvolvimento sustentável, prometendo promover um futuro econômico, social e ambientalmente sustentável para o planeta e para as gerações do presente e do futuro. Os países também reafirmaram os princípios enunciados na Cúpula da Terra de 1992 e em diversas conferências subsequentes sobre o desenvolvimento sustentável.

O documento final destacou a importância dos relatórios de sustentabilidade empresariais:

> 47. We acknowledge the importance of corporate sustainability reporting and encourage companies, where appropriate, especially publicly listed and large companies, to consider integrating sustainability information into their reporting cycle. We encourage industry, interested governments as well as relevant stakeholders with the support of the UN system, as appropriate, to develop models for best practice and facilitate action for the integration of sustainability reporting, taking into account the experiences of already existing frameworks, and paying particular attention to the needs of developing countries, including for capacity building.
> 69. We also invite business and industry as appropriate and in accordance with national legislation to contribute to sustainable development and to develop sustainability strategies that integrate, inter alia, green economy policies.
> 228. [...] We call on governments and businesses to promote the continuous improvement of accountability and transparency, as well as the effectiveness of the relevant existing mechanisms to prevent the illicit financial flows from mining activities.
> 268. We recognize that a dynamic, inclusive, well-functioning, socially and environmentally responsible private sector is a valuable instrument that can offer a crucial contribution to economic growth and reducing poverty and promoting sustainable development. In order to foster private-sector development, we shall continue to pursue appropriate national policy and regulatory frameworks in a manner consistent with national laws to encourage public and private initiatives, including at the local level, to foster a dynamic and well-functioning business sector, and to facilitate entrepre-

44 THE FUTURE WE WANT. *O futuro que queremos*. Texto original em inglês disponível em: <http://www.uncsd2012.org/content/documents/727The%2Future%20We%20Want%2019%20June%201230pm.pdf>. Acesso em: 24 Jan. 2014.

45 ALÉM DA RIO+20: Avançando rumo a um futuro sustentável. Disponível em: <http://www.onu.org.br/rio20/alem-da-rio20-avancando-rumo-a-um-futuro-sustentavel/>. Acesso em: 24 Jan. 2014.

> neurship and innovation including among women, the poor and the vulnerable. We will work to improve income growth and distribution, inter alia through raising productivity, empowering women and protecting labour rights, and taxation. We recognize that the appropriate role of Government in relation to the promotion and regulation of the private sector will vary from country to country depending on national circumstances.[46].

O documento final reconheceu ainda que o setor privado, incluindo as sociedades empresárias, é um instrumento valioso que pode oferecer uma contribuição crucial para o crescimento econômico, reduzindo a pobreza e promovendo o desenvolvimento sustentável.

Sobre a importância da sociedade civil, Susana Camargo Vieira cita Maurice Strong: "We need to see ourselves as stakeholders of the planet. If civil society stops replicating governmental positions and relate to each other as fellow human beings in an endangered planet, then there is hope"[47].

Durante a realização da Rio+20, mais de 200 compromissos para o desenvolvimento sustentável feitos por empresas foram anunciados na conclusão do Fórum de Sustentabilidade Corporativa do Pacto Global[48], dentre os quais destacamos: (1) a Microsoft afirmou que alcançará a neutralidade de carbono por meio de ações compensatórias; (2) a Unilever está lançando um movimento para reduzir o impacto dos gases de efeito estufa de seus produtos; (3) a meta da Nike é de zero descarga de substâncias químicas perigosas em toda sua cadeia de suprimentos até 2020; (4) 23 grandes companhias internacionais prometeram transparência e divulgação de seus impactos sobre as mudanças climáticas.

---

46 THE FUTURE WE WANT. *O futuro que queremos*. Texto original em inglês disponível em: <http://www.uncsd2012.org/content/documents/727The%2Future%20We%20Want%2019%20June%201230pm.pdf>. Acesso em: 24 Jan. 2014.

47 VIEIRA, Susana Camargo .*Reporton Participation at Rio+20*. Disponível em: http://www.ila-hq.org/download.cfm/docid/336969FE-F961-4370-8D69A555AD479C1B. Acesso em: 10 Set. 2012. Tradução do autor: Precisamos nos ver como as partes interessadas do planeta. Se a sociedade civil deixa de replicar as posições governamentais e se relacionam entre si como seres humanos em um planeta em perigo, então não há esperança.

48 ALÉM DA RIO+20: *Avançando rumo a um futuro sustentáve*l. Disponível em: <http://www.onu.org.br/rio20/alem-da-rio20-avancando-rumo-a-um-futuro-sustentavel/>. Acesso em: 24 Jan. 2014.

Susana Camargo Vieira, ao destacar a importância desta Conferência afirma que a Rio+20 foi responsável pelo nascimento da cidadania global [49].

O documento resultante da Conferência reafirmou a necessidade de participação pública na tomada de decisões globais, ressaltando o importante papel do setor privado para se alcançar o desenvolvimento sustentável:

> Nós reiteramos que um pré-requisito fundamental para a implementação do desenvolvimento sustentável é uma ampla participação pública na tomada de decisões. O desenvolvimento sustentável requer que Major Groups – mulheres, crianças e jovens, povos indígenas, organizações não governamentais, autoridades locais, trabalhadores e sindicatos, comércio e indústria, a comunidade científica e tecnológica, e agricultores – desempenhem um papel significativo em todos os níveis. É importante permitir que todos os membros da sociedade civil participem ativamente no desenvolvimento sustentável incorporando seus conhecimentos específicos e know-how prático na elaboração de políticas nacionais e locais. Nesse sentido, também reconhecemos o papel de parlamentos nacionais em dar prosseguimento ao desenvolvimento sustentável.
>
> Nós reconhecemos o importante papel do setor privado para se obter um desenvolvimento sustentável. Encorajamos intensamente que comércio e indústria demonstrem liderança no avanço da economia verde no contexto do desenvolvimento sustentável e da erradicação da pobreza.
>
> Nós reafirmamos a necessidade de fortalecer governança internacional ambiental no contexto da estrutura institucional para o desenvolvimento sustentável, de modo a promover uma integração balanceada dos pilares econômico, social e ambiental de desenvolvimento sustentável. [50].

---

49 VIEIRA, Susana Camargo .Reporton Participation at Rio+20. *"Having had the chance to attend/participate in Rio 92 (for the Brazilian Society of International Law)*. Johannesburg 2002 (both as an ILA delegate and as part of the Brazilian official delegation) and UNCTAD 94 (as an ILA delegate), I must say that if I had to define Rio+20 in very few (and non-academic) words, they would be "Lord, I had the chance to witness the birth of real global citizenship..." Disponível em: <http://www.ila-hq.org/download.cfm/docid/336969FE-F961-4370-8D69A555AD479C1B>. Acesso em: 10 Set. 2012.

50 ORGANIZAÇÃODASNAÇÕESUNIDAS.*OFuturoQueQueremos*.Disponível em:<http://www.onu.org.br/rio20/img/2012/01/OFuturoqueQueremos_rascunho_zero.pdf>. Acesso em: 05 Mar. 2013

5

As sociedades empresárias enquanto agentes da governança global

5.1. A questão da governança

Segundo Eli Diniz, o termo governança consolidou-se nas reflexões conduzidas principalmente pelo Banco Mundial, que buscava um Estado apto a cumprir suas obrigações financeiras, mas que também se preocupasse com as dimensões sociais e políticas da gestão pública[1].

Segundo o Banco Mundial, no documento Governance and Development, a definição geral de governança é "o exercício da autoridade, controle, administração, poder de governo"[2].

Quando da definição de "governança" pelo Banco Mundial, a preocupação se estendia além das políticas privadas e estatais que assegurassem transparência e responsabilidade social e econômica na aplicação de recursos.

> The Bank's concern with sound development management thus extends beyond building the capacity of public sector management to encouraging the formation of the rules and institutions which provide a predictable and transparent framework for the conduct of public and private business and to promoting accountability for economic and financial performance[3].

---

1 DINIZ, Eli. Governabilidade, Democracia e Reforma do Estado: Os Desafios da Construção de uma Nova Ordem no Brasil dos Anos 90. In: DADOS – *Revista de Ciências Sociais*. Rio de Janeiro, volume 38, nº 3, 1995. p. 400.

2 Banco Mundial.The International Bank for Reconstruction and Development. Governance and Development. Washington D.C., 1992. ISBN – 0-8213-2094-7.pp. 62.

3 Banco Mundial. The International Bank for Reconstruction and Development. Governance and Development. Washington D.C., 1992. p. 3. Tradução do autor: A preocupação do Banco com uma boa gestão de desenvolvimento

A definição de governança pela Comissão sobre Governança Global é bastante ampla: "Governança é a totalidade das diversas maneiras pelas quais os indivíduos e as instituições, públicas e privadas, administram seus problemas comuns"[4].

Justamente pela ampla definição, nos últimos anos, o conceito de governança se disseminou. O termo governança tem aplicação em diversos campos, podendo assumir diferentes significados.

Alcindo Gonçalves[5] cita como exemplo a utilização do termo governança no setor corporativo para relacionar a prática de atos entre acionistas, gerência e conselhos das sociedades empresárias. Além da governança corporativa[6], a governança de tecnologia da informação (TI)[7] e governança global são termos amplamente usados atualmente.

Eli Diniz ressalta, entretanto, que não se deve confundir governabilidade e governança. Se observadas as três dimensões envolvidas no conceito de governabilidade, capacidade do governo para identificar problemas críticos e formular políticas adequadas ao seu enfrentamento; capacidade governamental de mobilizar os meios e recursos necessários à execução dessas políticas, bem como à sua implementação; e capacidade de liderança do Estado sem a qual as decisões tornam-se inócuas, ficam claros dois aspectos: a) governabilidade está situada no

---

se estende além da construção da capacidade de gestão do setor público, a incentivar a formação de regras e instituições que forneçam um quadro previsível e transparente para a realização dos negócios públicos e privados, promovendo a responsabilização por desempenho econômico e financeiro.

4 Comissão sobre Governança Global. Nossa Comunidade Global. O Relatório da Comissão sobre Governança Global. Rio de Janeiro: Editora FGV, 1996.

5 GONÇALVES, Alcindo. *O conceito de governança.* XIV Congresso do CONPEDI. Disponível em: <http://conpedi.org.br/manaus/arquivos/anais/XIVCongresso/078.pdf>. Acesso em: 05 Fev. 2014.

6 Governança corporativa são as práticas e os relacionamentos empresariais para otimizar o desempenho da empresa e, ela surge, a partir da teoria econômica tradicional, para superar o chamado "conflito de agência", presente com a separação entre a propriedade e a gestão empresarial.

7 Governança de tecnologia da informação (TI) é um conjunto de práticas, padrões assumidos por executivos, gestores, técnicos e usuários de TI de uma organização, com o objetivo de garantir controles efetivos, ampliar os processos de segurança e desempenho.

plano do Estado; b) representa um conjunto de atributos essencial ao exercício do governo, sem os quais nenhum poder será exercido[8].

Já o conceito de governança é mais amplo. Sua dimensão não é essencialmente estatal, mas engloba toda a sociedade civil. A dimensão não estatal é o traço mais proeminente inserido pela governança no debate de formulação de políticas e de ações nos planos nacional e internacional.

Para Alcindo Gonçalves[9], "em sentido amplo, governança diz respeito à arquitetura de um sistema. Em perspectiva global, refere-se à organização do sistema internacional".

Consoante James Rosenau[10], governança configura um conceito de maior abrangência do que o conceito de governo e remete a ações e responsabilidades que transcendem às ações de Estados no cenário mundial, envolvendo atores transnacionais como instituições internacionais, empresas, ONGs e a própria sociedade civil. Consiste na totalidade de maneiras diversas, pelas quais os indivíduos e instituições formais e não formais administram seus problemas e responsabilidades comuns, bem como acomodam interesses conflitantes no intuito de realizar ações de cooperação.

Em se tratando de desenvolvimento sustentável, agindo localmente, mas pensando globalmente[11], deve-se buscar a aplicação do conceito governança de forma global, pois só assim poderemos alcançar a sustentabilidade plena.

---

8 DINIZ, Eli. Governabilidade, Democracia e Reforma do Estado: Os Desafios da Construção de uma Nova Ordem no Brasil dos Anos 90. In: DADOS – *Revista de Ciências Sociais*. Rio de Janeiro, volume 38, nº 3, 1995. pp. 385-415. Apud GONÇALVES, Alcindo. *O conceito de governança.* XIV Congresso do CONPEDI. Disponível em: <http://conpedi.org.br/manaus/arquivos/anais/XIVCongresso /078.pdf>. Acesso em 05 Fev. 2014.

9 GONÇALVES, Alcindo. *Governança Global e o direito internacional público.* p. 85. In JUBILUT, Liliana Lyra. Direito Internacional atual. Rio de Janeiro: Elsevier, 2014. 400 p.

10 ROSENAU, James.N; CZEMPIEL, Ernest-Otto. *Governança sem Governo: ordem e transformação na política mundial.* Brasília: Editora Universidade de Brasília, 2000.

11 "Pensando globalmente, agindo localmente" essa é a frase que marcou a Conferência das Nações Unidas para o Meio Ambiente e o Desenvolvimento – UNCED/Rio92.

No plano global, "diplomacia, negociação, construção de mecanismos de confiança mútua, resolução pacífica de conflitos e solução de controvérsias são os meios disponíveis para chegarmos à casa comum da Governança Global" [12].

Para Natalia Karabolad, de acordo com a Comissão sobre Governança Global (1996), da qual se originou o livro Nossa Comunidade Global:

> [...] a visão de governança, integrando uma grande variedade de atores, provém do reconhecimento de que, na atual conjuntura amparada por um modelo neoliberal, os governos não são mais capazes de arcar isoladamente com o ônus da governabilidade global, mesmo que se configurem como atores principais no sistema, para lidar de forma construtiva com questões que desrespeitem os povos e a comunidade global. O grande desafio da governança global reside exatamente na pluralidade de agentes e ações que não necessariamente convergem para os mesmos fins no contexto de globalização, em que se inserem, sendo necessário o desenvolvimento de estratégias que aliem setores da sociedade nos seus mais variados níveis, atingindo assim, a complementariedade de forças como forma de alcançar a sustentabilidade sanando deficiências e desigualdade geradas pelo acelerado processo da globalização[13].

Como um importante ator, o setor empresarial está em constante transformação, procurando colaborar para o alcance pleno da governança global e da sustentabilidade. Ao longo do século 20, a economia dos diferentes países tornou-se cada vez mais marcada pela integração aos dinamismos do comércio internacional, assim como pela expansão das transações financeiras em escala global. Neste contexto, as companhias foram objeto de sensíveis transformações, uma vez que o acentuado ritmo de crescimento de suas atividades promoveu uma re-

---

12 BRIGAGÃO, Clóvis e RODRIGUES, Gilberto. *Globalização a Olho Nu*. O mundo conectado. São Paulo: Ed. Moderna, 1998. p. 116.

13 KARABOLAD, Natália. *Os caminhos e desafios para governança global e a responsabilidade socioambiental como ferramenta à sustentabilidade*. Disponível em: <http://uniethos.org.br/_Uniethos/ Documents/Os%20Caminhos%20e%20Desafios%20para%20Governan%C3%A7a%20Global.pdf>. Acesso em: 08 Fev. 2014.

adequação de sua estrutura de controle, decorrente da separação entre a propriedade e a gestão empresarial[14].

5.2. Governança Global, Conselho Empresarial Brasileiro para o Desenvolvimento Sustentável e World Business Council for Sustainable Development

O Conselho Empresarial Brasileiro para o Desenvolvimento Sustentável – CEBDS[15], já destacou que assim como a sociedade civil, o mundo corporativo tem se pronunciado sobre o tema do desenvolvimento sustentável, tanto por meio da incorporação de práticas socioambientais à gestão quanto pela identificação de novos produtos e modelos de negócios[16].

Reforçando a importância do setor empresarial frente à governança global, o World Business Council for Sustainable Development[17] afirmou:

---

14 Instituto Brasileiro de Governança Corporativa. Origens da Governança Corporativa. Disponível em: <http://www.ibgc.org.br/inter.php?id=18166> Acesso em: 15 Jan. 2014.

15 O Conselho Empresarial Brasileiro para o Desenvolvimento Sustentável – CEBDS – é uma associação civil, sem fins lucrativos, fundada em 1997 para promover o desenvolvimento sustentável entre as empresas que atuam no Brasil. Reunindo os maiores grupos empresariais do País, o CEBDS é o representante no Brasil da rede do World Business Council for Sustainable Development (WBCSD), que conta com quase 60 conselhos nacionais em mais de 30 países para disseminar uma nova maneira de fazer negócios ao redor do mundo.

16 Conselho Empresarial Brasileiro para o Desenvolvimento Sustentável. Guia Rio+20. Disponível em: <http://www.cebds.org.br/media/uploads/pdf/guia_riomais20.pdf>. Acesso em: 18 Fev. 2014.

17 World Business Council for Sustainable Development (WBCSD) – Com sede na Suíça, o Conselho Empresarial Mundial para o Desenvolvimento Sustentável é uma coligação de mais de 175 empresas internacionais unidas por um compromisso comum para com os princípios do desenvolvimento sustentável, através da conciliação dos seus três pilares – o crescimento econômico, o equilíbrio ecológico e o progresso social. A organização se beneficia ainda de uma rede global de 40 conselhos empresariais de âmbitos nacional e regional, localizados, principalmente, em zonas do mundo em fase de desenvolvimento, e mantém, também, parcerias com organizações que envolvem mais de mil líderes de empresa em nível mundial.

> O setor empresarial desempenhará um papel vital na saúde futura de nosso planeta. Como líderes empresariais, estamos comprometidos com o desenvolvimento sustentável e com a satisfação das necessidades do presente sem comprometer o bem-estar das futuras gerações. Novas formas de cooperação entre governo, a empresa privada e a sociedade são necessárias para atingir este objetivo.
> O mundo esta caminhando para a desregulamentação, iniciativas privadas e mercados globais. Isso requer empresas aptas a assumir mais responsabilidades sociais, econômicas e ambientais na definição de sua atuação. Uma visão clara de um futuro sustentável mobiliza as energias humanas na execução das transformações necessárias, rompendo com padrões estabelecidos. À medida que os líderes de todos os seguimentos da sociedade integrarem forças para transformar a visão empresarial em ação, a inércia será superada e a cooperação tomará o lugar do conforto[18].

A declaração do Conselho Empresarial Mundial para o Desenvolvimento Sustentável reflete o posicionamento de líderes empresariais de todo o mundo e reforça o fato de que sociedades empresárias e governo devem atuar para assegurar que as necessidades do presente não comprometam a capacidade das gerações futuras de criar suas próprias oportunidades de negócio com maior eficiência e sustentabilidade. A mudança do paradigma empresarial, atualmente pautado pelo desenvolvimento sustentável, é fruto da própria transformação pela qual está passando a comunidade global.

As sociedades empresárias estão cientes da importância de sua imagem corporativa, bem como do efeito de suas ações no cenário social, buscando a gestão de processos produtivos voltados para a eficiência no uso de recursos, conservação de energias, redução da poluição, ecodesign e maximização da qualidade, fazendo inclusive com que as empresas adotem normas de padronização, como os chamados "selos verdes" e as ISOS 14000 e 14001[19].

---

18 SCHMIDHEINY, Stephan. *Mudando o rumo: uma perspectiva global sobre o desenvolvimento e meio ambiente.* Rio de Janeiro: Fundação Getúlio Vargas, 1992. p. XIII – VX. Declaração do Business Council for Sustainable Development.

19 ISO – International Organization for Standardization. Em português: Organização Internacional para Padronização. As ISOS 14000 e 14001, por exemplo, configuram normas, provenientes da Organização Internacional de Padronização (ISO), que agregam aos produtos a certificação de que foram desenvolvidos de acordo com práticas e políticas de gestão ambiental.

Citam Grayson e Hodges, que a adoção de tais certificações dá margem ao aumento da consciência das empresas e de seus funcionários, fazendo com que as mesmas se estruturem perante a gestão de aspectos ambientais importantes, aumentando não somente a eficiência, mas também diminuindo os impactos sobre a natureza.

Segundo o Conselho Empresarial Mundial para o Desenvolvimento Sustentável, "o desafio de gerir a mudança na empresa em direção simultaneamente ao desenvolvimento econômico e à proteção ambiental é imenso, mas não estamos partindo do zero" [20].

Se pelo modo antigo de encarar os vínculos entre empresas e meio ambiente, ainda vigente em algumas sociedades empresárias, a lucratividade e a proteção ambiental são naturalmente opostos a melhoria do meio ambiente, significando menores lucros.

Hodiernamente, meio ambiente saudável e lucratividade estão entrelaçados. Enquanto *stakeholders*[21] da governança global, as sociedades empresárias não apenas estão cientes, mas também conscientes, de que "desenvolvimento sustentável significa decisões de negócios voltadas ao mesmo tempo para um meio ambiente saudável e uma economia saudável, não como inimigos e sim como parceiros, na busca global por uma melhor qualidade de vida" [22].

Cada vez mais, um crescente número de executivos se convence de que é um bom negócio garantir o futuro das sociedades empresárias integrando princípios de desenvolvimento sustentável em todas as suas operações. Uma visão clara e comprometida da empresa transforma todo o contexto diário em que os empregados veem e realizam seus trabalhos.

---

20 SCHMIDHEINY, Stephan. *Mudando o rumo: uma perspectiva global sobre o desenvolvimento e meio ambiente.* Rio de Janeiro: Fundação Getúlio Vargas, 1992. p. 85.

21 Stakeholders são todas as partes interessadas que devem estar de acordo com as práticas de governança corporativa executadas pela empresa. São elas: os empregados, clientes, fornecedores, credores, governos, entre outros, além dos acionistas.

22 SCHMIDHEINY, Stephan. *Mudando o rumo: uma perspectiva global sobre o desenvolvimento e meio ambiente.* Rio de Janeiro: Fundação Getúlio Vargas, 1992. p. 86.

Segundo Jérôme Monod[23], presidente e diretor executivo da *Lyonnaisedes Eaux-Dumez*[24]:

> Assim como em todas as revoluções industriais, a do desenvolvimento sustentável deve ser acompanhada de uma revolução cultural dentro da empresa. A questão não é saber se a visão empresarial é boa no papel, mas se o comportamento e resultados estão mudando. [25]

A importância das sociedades empresárias enquanto agentes da governança global é ressaltada em diversos documentos, dentre eles, pelo Relatório de Sustentabilidade[26] do Centro Empresarial Brasileiro para Desenvolvimento Sustentável (CEBDS) e no Visão 2050 do World Business Council for Sustainable Development (WBCSD).

O documento Visão 2050 reforça o ideal de que toda a sociedade civil, incluindo as sociedades empresárias, deverá contribuir para o desenvolvimento harmônico no planeta, sob pena de incorrer nos mesmos erros do passado, gerando um passivo ambiental cada vez maior.

> O projeto é fruto de um esforço de 29 empresas globais associadas ao World Business Council for Sustainable Development (WBCSD) e da colaboração de consultores, especialistas e colaboradores de múltiplos setores. Fundamentadas em estudos da ONU e de outras instituições globais de reputação inquestionável, as mensagens do Vision 2050 servirão como uma espécie de bússola para que empresas, governantes e gestores

---

23 Jérôme Monod foi chefe de Gabinete de Jacques Chirac. Ele iniciou a criação de CIASI (estruturas industriais do Comitê Interministerial de Planejamento) responsável, em 1975, por salvar as empresas em dificuldades ou organizar o seu encerramento evitar maiores prejuízos. Disponível em: <http://www.institutdiderot.fr/?p=528>. Acesso em: 05 Fev. 2014

24 Especializada em serviços de água e saneamento, Lyonnaise dês Eaux juntou-se ao ramo ambiental do grupo Suez em 1997. A empresa foi fundada no final do século XIX para a distribuição de água, expandiu suas atividades no século XX na gestão de resíduos, energia e comunicação. Disponível em: <https://www.lyonnaise-des-eaux.fr>. Acesso em: 05 Fev. 2014.

25 SCHMIDHEINY, Stephan. *Mudando o rumo: uma perspectiva global sobre o desenvolvimento e meio ambiente*. Rio de Janeiro: Fundação Getúlio Vargas, 1992. p. 87.

26 Centro Empresarial Brasileiro para Desenvolvimento Sustentável. Relatório de Sustentabilidade. Disponível em: <http://www.cebds.org.br/media/uploads/pdf/cebds_relatorio_completo.pdf>. Acesso em: 15 Dez. 2013.

> da sociedade civil evitem cometer os mesmos erros do passado, como por exemplo, insistir em tomar decisões unilaterais e com visão de curto prazo.
> O Vision 2050 oferece aos líderes do presente e do futuro próximo um panorama mais provável de como estará a população humana e o planeta em que ela viverá nas próximas quatro décadas.
> À medida que este crescimento avançar, mudanças substanciais serão necessárias em todos os países para atender a essa nova demanda de consumo. Se tivermos a capacidade de liderar o processo com decisões integradas aos interesses coletivos, esse fantástico contingente populacional poderá viver bem – com comida suficiente, água limpa, saneamento, moradia, mobilidade, educação e saúde para gerar bem-estar – dentro dos limites do planeta.
> É fato que as empresas acreditam que o mundo de hoje já dispõe do conhecimento, da ciência, das tecnologias, dos talentos e dos recursos financeiros necessários para alcançar as propostas do Visão 2050.
> Existem ainda questões bastante sérias a serem resolvidas, com relação a governança, estruturas globais de comércio, papéis, responsabilidades e riscos. Todas elas poderão ser solucionadas no seu devido tempo e à medida que progredirmos[27].

O Visão 2050 corrobora os ideais apresentados pela Organização das Nações Unidas no Pacto Global[28], que tem dentre seus objetos mobilizar a comunidade empresarial internacional para a adoção, em suas práticas de negócios, de valores fundamentais e internacionalmente aceitos nas áreas de direitos humanos, relações de trabalho, meio ambiente e combate à corrupção, refletidos em dez princípios. Conta com a participação de organizações signatárias, articuladas por 150 redes ao redor do mundo, além de agências da ONU, sindicatos, organizações não governamentais e demais parceiros na construção de um mercado global mais inclusivo e igualitário[29].

---

27 WORLD BUSINESS COUNCIL FOR SUSTAINABLE DEVELOPMENT (WBCSD).Visão 2050 – No rumo da mudança. Disponível em: <www.cebds.org.br/media/uploads/pdf-capas-publicacoes-cebds/visao_2050.pdf>. Acesso em: 18 Dez. 2013. Sobre o tema, vide mais no item 3.3 – Indicadores de Sustentabilidade.

28 O Pacto Global da Organização das Nações Unidas (ONU) é uma iniciativa planejada para empresas comprometidas em alinhar suas operações e estratégias com os princípios universalmente aceitos nas áreas de direitos humanos, trabalho, meio ambiente e combate à corrupção. Disponível em: <http://unglobalcompact.org/Languages/portuguese/>. Acesso em: 11 Jan. 2013.

29 CENTRO EMPRESARIAL BRASILEIRO PARA DESENVOLVIMENTO SUSTENTÁVEL. Relatório de Sustentabilidade. Disponível em: <http://www.

A importância das sociedades empresárias enquanto agentes do desenvolvimento sustentável é endossada pela Organização das Nações Unidas: "se espera que as empresas avancem no sentido da utilização de diretrizes padronizadas para a elaboração de relatórios (como, por exemplo, a Global Reporting Initiative (GRI))"[30].

Apoiado e endossado por altos executivos, o Pacto Global é uma estrutura básica para o desenvolvimento, implementação e divulgação de políticas e práticas de sustentabilidade, oferecendo aos participantes um amplo espectro de fluxos de trabalho, ferramentas de gestão e outros recursos, todos concebidos para ajudar a melhorar os modelos empresariais sustentáveis. O Pacto Global tem uma base sólida, sendo a iniciativa de responsabilidade empresarial com maior visibilidade no mundo, com mais de 8 mil signatários em 135 países[31].

Muito tem sido feito até o momento. Nunca houve um alinhamento tão perfeito entre os objetivos da comunidade internacional e os do mundo dos negócios. Objetivos comuns, como desenvolvimento de empresas e mercados, proteção ao meio ambiente e inclusão social têm resultado em parcerias sem precedentes e um relacionamento mais aberto entre empresas, governos, sociedade civil, organizações trabalhistas e as Nações Unidas.

Entretanto, poucas ainda são as sociedades empresárias que realmente se engajaram para transformar um mero discurso ambientalista de sustentabilidade em realidade, transformando os meios de produção e a comunidade em que estão inseridas.

---

cebds.org.br/media/uploads/pdf/cebds_relatorio_ completo.pdf>. Acesso em: 15 Dez. 2013.

30 ORGANIZAÇÃO DAS NAÇÕES UNIDAS. Pacto Global – Dimensões. Disponível em: <http://unglobalcompact.org/Languages/portuguese/comunicaco_de_progresso.html>. Acesso em: 18 Jan. 2014.

31 ORGANIZAÇÃO DAS NAÇÕES UNIDAS. Carta anual aos participantes do Pacto Global. Disponível em: <http://unglobalcompact.org/docs/email_downloads/2010_12_15_ALs/AnnualLetter _2011_PT.pdf>. Acesso em: 18 Jan. 2014.

6

Mecanismos de acesso à justiça para efetivação dos direitos fundamentais

6.1. Interdependência entre sociedade, Governo e Empresas

A efetividade do desenvolvimento sustentável depende do enfrentamento dos desafios atuais do Estado Democrático de Direito. Assim sendo, consoante Bárbara Andrzejewski Massuchin Bessa[1], o desenvolvimento sustentável mostra-se como estratégia democrática de desenvolvimento, porquanto contempla o desenvolvimento econômico, aliado aos aspectos sociais, ambientais, culturais, políticos e institucionais, aspectos presentes e importantes em uma sociedade plural.

Um dos principais slogans do desenvolvimento sustentável – pense globalmente, aja localmente – demonstra a necessidade de uma pluralidade de sociedades sustentáveis, respeitando-se as características e realidades especificas de cada comunidade e de seus problemas locais.

O desenvolvimento sustentável não deve ser tratado como um modelo estático, global, a ser aplicado a qualquer estado, região ou povo. Para que se alcance o máximo de proteção ambiental, aliada ao crescimento econômico e social, este modelo deve ser construído a cada geração, sempre calcado em promover o desenvolvimento, sem fabricar a escassez no futuro.

Desta forma, um modelo de desenvolvimento sustentável não deve ser imposto, mas sim criado e discutido por uma comunidade, a

1 BESSA, Barbara Andrzejewski Massuchin. *Desenvolvimento sustentável, meio ambiente e direitos fundamentais: correlações internacionais e reflexos na ordem constitucional brasileira*. Disponível em: <http://www.unibrasil.com.br/sitemestrado/_pdf/BESSABarbaraAndrzejewskiMassuchin.pdf>. Acesso em: 30/03/2014.

partir de seus problemas locais, aliando-se Governo, setor produtivo e sociedade civil.

O papel do Direito, neste caso, está em fomentar um arcabouço normativo capaz de contemplar, tanto no plano internacional quanto no interno, a interpretação dos preceitos voltados à sustentabilidade ambiental e efetivação dos Direitos Fundamentais.

A questão ambiental demonstra a insuficiência da ordem internacional para tratar do tema, de maneira isolada, em escala global. A sustentabilidade, tão almejada pela governança global, requer um novo rumo para as relações internacionais.

Ocorre que as diferenças culturais entre Estados, muitas vezes, são imensas, tanto nos aspectos sociais, econômicos, quanto ambientais e culturais. Existe uma forte interdependência entre sociedade civil, Governos e setor produtivo (sociedades empresarias) para que se possa alcançar a sustentabilidade.

Desta forma, não se pode olvidar que a prática da governança seja um processo longo e contínuo. O processo de construção de uma boa governança não é estático. O processo de construção de um mundo sustentável exige a participação da sociedade civil, notadamente através das empresas, e de Governos.

Eloy Pereira Lemos Júnior cita Isabel Vaz e define sociedade empresária como "instituição dotada de personalidade jurídica, no seio da qual se organizam os fatores de produção com vistas ao exercício de atividades econômicas ou à prestação de serviços em face dos princípios ideológicos adotados na Constituição"[2].

Susana Camargo Vieira diz que "desenvolvimento sustentável envolve política, economia, sociologia e também as chamadas 'ciências duras'" [3].

No mesmo sentido, reforçando a necessidade de união dentro de uma sociedade para que se possa alcançar a sustentabilidade, Frijot Capra[4] destaca a ideia de que todos os membros de uma comunidade

---

2 VAZ, Isabel. Direito Econômico das Propriedades. Rio de Janeiro: Forense, 1992. p. 497 apud LEMOS JUNIOR, Eloy Pereira. *Empresa e função social.* p. 211.

3 VIEIRA, Susana Camargo. Governança e desenvolvimento sustentável: contribuições da sociedade civil internacional. p. 353. In JUBILUT, Liliana Lyra. *Direito Internacional atual.* Rio de Janeiro: Elsevier, 2014. 400 p.

4 CAPRA, Frijot. *Uma nova compreensão científica dos sistemas vivos.* São Paulo: Cultrix, 1996.

estão interligados numa enorme rede de relações, em que o sucesso de um depende do sucesso da comunidade como um todo.

Para Capra, a compreensão do homem sobre a importância de todos os seres vivos no planeta é o que garantirá a sustentabilidade da vida no presente e, principalmente, no futuro.

> A consciência da interdependência entre o contexto econômico-socioambiental e os atores da sociedade moderna, é consequência da aplicação de pensamentos mais integradores e de novas concepções sobre a intimidade da vida e do comportamento. Os grandes problemas da nossa modernidade, incluindo questões ambientais, mostraram que não existe ação individual sem consequência para outros atores sociais e meio ambiente.
> A sustentabilidade, no seu conceito mais amplo, depende dessa consciência. Conforme Fritjof Capra, um sistema sustentável apresenta cinco características: interdependência, reciclagem, parceria, flexibilidade e diversidade. Esta percepção, bem como, o desenvolvimento de ações coerentes com a mesma, exige o exercício de um pensamento mais abrangente, mais orgânico, que redirecione o foco de compreensão da parte de um sistema para o seu todo.
> As decisões não devem ser isoladas, tomadas por um olhar preferencial da realidade, e sim feitas em conjunto, agregando pareceres de distintas especialidades e de grupos que serão afetados. O documento Visão 2050, do WBCSD/CEBDS, aponta que o desenvolvimento de empresas depende também do desenvolvimento da sociedade e da preservação ambiental.
> Líderes de todos os setores constituintes de uma nação têm um papel histórico indelegável de promover estímulo à compreensão da interdependência entre indivíduos, suas organizações, mercados, sociedade e a natureza. Condição básica para as respostas aos dilemas que se colocam à nossa geração.[5]

A moderna sociedade empresária está ciente de que o antigo modo capitalista de produção não mais se sustenta. O objeto empresarial não mais se restringe ao lucro, em detrimento do meio ambiente.

Sobre o tema, Eduardo Augusto Dreweck Mota[6] afirma que a incorporação do conceito de desenvolvimento sustentável passa a ser

---

5 FUNDAÇÃO GETÚLIO VARGAS. Consciência da Interdependência. Disponível em: <http://www.fdc.org.br/hotsites/mail/livro_sustentabilidade_poder/temas-emergentes/dimensao-sociedade/consciencia-da-interdependencia.html>. Acesso em: 12 Fev. 2014.

6 MOTA, Eduardo Augusto Dreweck. O papel das organizações no desenvolvimento sustentável: um olhar sob a perspectiva da responsabilidade

"um instrumento essencial para um novo posicionamento estratégico das organizações, visando responder às grandes tendências sociais e ambientais que, atualmente, estão remodelando os mercados de forma contínua". Tem-se, por consequência, que a rentabilidade das empresas não pode mais se basear exclusivamente em consumismo e competição.

A sociedade civil tem percebido que as organizações empresariais têm uma dimensão social muito importante, uma vez que utilizam recursos que, em uma análise mais profunda, pertencem à própria sociedade. Sob este ponto de vista, tem sido cada vez mais imprescindível para as organizações adotar práticas gerenciais que privilegiem não apenas o êxito dos negócios, mas também os aspectos sociais e ambientais.

Segundo a Organização das Nações Unidas[7] "nunca houve um alinhamento tão perfeito entre os objetivos da comunidade internacional e os do mundo dos negócios". Objetivos comuns, como desenvolvimento de empresas e mercados, combate à corrupção, proteção ao meio ambiente e inclusão social têm resultado em parcerias sem precedentes e um relacionamento mais aberto entre empresas, governos, sociedade civil, organizações trabalhistas e as Nações Unidas.

Todas as ações e decisões tomadas atualmente, num cenário de globalização e interdependência, precisam da articulação entre governo, sociedade e empresas.

Segundo o Secretário Geral da ONU, Ban Ki-monn, em seu relatório sobre sustentabilidade global, de 2012, "o poder da economia deve ser usado para criar desenvolvimento inclusivo e sustentável, criando valor além do conceito de riqueza. Logo, mercados, empresas e o empreendedorismo serão drivers para as decisões e para as mudanças" [8].

---

social. Disponível em: <http://www.unifae.br/publicacoes/pdf/sustentabilidade/eduardo_oppapeldasorganizacoes.pdf>. Acesso em: 19 Dez. 2013.

7 Organização das Nações Unidas. Sustentabilidade Corporativa na Economia Global. Disponível em: <http://unglobalcompact.org/docs/languages/portuguese/GC_Brochure_PT.pdf>. Acesso em: 12 Fev. 2014.

8 FUNDAÇÃO GETÚLIO VARGAS. Intensificação da articulação entre Governo, Sociedade e Empresas. Disponível em: <http://www.fdc.org.br/hotsites/mail/livro_sustentabilidade_poder/temas-emergentes/dimensao-sociedade/intensificacao-da-articulacao-entre-governo-sociedade-e-empresas.html>. Acesso em: 12 Fev. 2014.

Até a realização da Conferência das Nações Unidas sobre Meio Ambiente e Desenvolvimento em 1992, o papel e a contribuição do setor privado ainda eram pouco conhecidos e aceitos.

O movimento em prol da responsabilidade empresarial socioambiental ganhou forte impulso e organização no início da década de 1990, em decorrência dos resultados da Primeira e Segunda Conferências Mundiais da Indústria sobre gerenciamento ambiental, ocorridas em 1984 e 1991.

Certo é que se uma empresa apenas segue as normas e leis de seu setor, no que tange ao meio ambiente e a sociedade esta ação não pode ser considerada responsabilidade socioambiental, neste caso ela estaria apenas exercendo seu papel de pessoa jurídica cumprindo as leis que lhe são impostas.

Por fim, ressalta-se que muitas vezes, a sociedade civil, destacando-se as sociedades empresarias, passam a aplicar em seu processo produtivo as diretrizes de sustentabilidade preceituadas em relatórios de conferências mundiais, muito antes da internacionalização destes relatórios[9].

5.2. Acesso à Justiça e garantia do desenvolvimento sustentável enquanto direito fundamental: estudo de casos

O desenvolvimento sustentável, segundo Barbara Andrzejewski Massuchin Bessa, é um conceito que harmoniza meio ambiente e economia, "não contemplando apenas essas duas variáveis, mas diversos aspectos da vida, como o social e o cultural, podendo ser considerada uma alternativa democrática de desenvolvimento com a consagração como direito fundamental" [10].

---

9 As mudanças do pensamento industrial são proporcionadas não apenas pela questão ambiental, mas também pela diminuição nos custos de produção e manutenção do parque industrial. Sobre o tema vide: Instituto Ethos. Empresas precisam mudar seus padrões de produção e consumo e ter mais cuidado com os projetos de neutralização de emissões de carbono. Disponível em: <http://ethos.org.br/Ci2007Dinamico/site/con_noticias.asp?id_noticia=13>. Acesso em: 30 mar 2014.

10 BESSA, Barbara Andrzejewski Massuchin. *Desenvolvimento sustentável, meio ambiente e direitos fundamentais: correlações internacionais e reflexos na*

Não há como se discutir que o direito ao desenvolvimento sustentável afigura-se indubitavelmente como um direito fundamental. Pelo artigo 225 da Constituição da República Federativa do Brasil, pode se reconhecer que o desenvolvimento está intimamente ligado ao direito à vida, expressa no artigo 5º "caput" da Constituição e também na Declaração Universal dos Direitos Humanos em seu artigo 3º.

No atual constitucionalismo, a teoria dos direitos e garantias fundamentais necessita de uma abordagem multidisciplinar e interdisciplinar. A constatação objetiva dos direitos fundamentais pressupõe a partilha dos mais relevantes valores morais coletivos, cuja garantia não compete apenas ao Estado, mas a todos os membros de uma sociedade.

Sobre o tema Daniel Sarmento adverte que "a perspectiva comunitária dos direitos humanos nos incita a agir, em primeiro lugar, na arena política, por meio do exercício responsável do direito de voto e dos mecanismos de democracia participativa, mas também na nossa esfera privada e no nosso microcosmo de relações"[11].

Segundo Gregório Assagra de Almeida, "é preciso evitar a análise meramente racionalista, fechada, própria de um positivismo legalista ultrapassado e incompatível com as conquistas e valores constitucionais mais atuais das sociedades democráticas"[12].

A plenitude do desenvolvimento sustentável, enquanto direito fundamental, apenas pode ser atingida através da participação da sociedade, seja por intermédio de decisões políticas, organizações não governamentais ou da própria organização da sociedade civil. A solução para as demandas ambientais depende da construção de uma nova cidadania, sendo este, inclusive, um dos requisitos para o alcance da governança global.

---

ordem constitucional brasileira. Disponível em: <http://www.unibrasil.com.br/sitemestrado/_pdf/BESSABarbaraAndrzejewskiMassuchin.pdf>. Acesso em: 30 Mar. 2014.

11 SARMENTO, Daniel. A dimensão objetiva dos direitos fundamentais: fragmentos de uma teoria. In: *Jurisdição Constitucional e Direitos Fundamentais*. Organizador José Adércio Leite Sampaio. Belo Horizonte: Del Rey, 2003, p. 308/309.

12 ALMEIDA, Gregório Assagra de. *Direito material coletivo: superação da Summa divisio direito público e direito privado por uma nova Summa divisio constitucionalizada*. Belo Horizonte: Del Rey. 2008.

No novo constitucionalismo o acesso à Justiça é considerado um direito fundamental, e onde não há amplo acesso a uma Justiça efetiva e transparente, a democracia está em risco e o desenvolvimento sustentável não é possível. Assim, a ampliação do acesso à Justiça no Brasil é uma contribuição certeira no sentido da ampliação do espaço público, do exercício da cidadania e do fortalecimento da democracia.

Segundo o Ministério da Justiça:

> [...] a democratização do acesso à Justiça não pode ser confundida com a mera busca pela inclusão dos segmentos sociais ao processo judicial. Antes disso, cabe conferir condições para que a população tenha conhecimento e apropriação dos seus direitos fundamentais (individuais e coletivos) e sociais para sua inclusão nos serviços públicos de educação, saúde, assistência social, etc., bem como para melhor harmonização da convivência social[13].

Certo é que o debate coletivo executado em conjunto com as estruturas do sistema de Justiça, instituições de ensino, pesquisa e entidades da sociedade civil corresponde ao ápice do "acesso à Justiça".

Diante da amplitude do conceito "acesso à Justiça" como fonte de efetivação do direito fundamental ao desenvolvimento sustentável, as sociedades empresarias exercem papel de destaque na sociedade civil e nos debates sobre o tema.

Sobre a inserção das empresas brasileiras como agentes do desenvolvimento sustentável, Fernando Almeida afirma que o "convite do suíço Stephan Schmidheiny aos brasileiros Erling Lorentzen e Eliezer Batista da Silva para se juntarem ao Business Council for Sustainable Development (BCSD) foi o primeiro passo para o ingresso do empresariado brasileiro no ramo da sustentabilidade"[14].

Para Roger Agnelli, uma nova lógica de investimento social privado está nascendo:

---

13 BRASIL. Ministério da Justiça. Acesso à Justiça. Disponível em: <http://portal.mj.gov.br/main.asp?View=DA9EC2A8-2D0D-4473-A4DD-DF9D33C8DE5D}&BrowserType=NN&LangID=pt-br&params= itemID%3D%7B640776D8-01FE-4982-BE54-5F62739DB986%7D%3B&UIPartUID=%7B2868BA3C-1C72-4347-BE11-A26F70F4CB26%7D>. Acesso em: 30 Mar 2014.

14 ALMEIDA, Fernando. *O bom negócio da sustentabilidade.* Bonsucesso: Nova Fronteira, 2002. Disponível em: <http://www.fernandoalmeida.com.br/livros/livro-fernando-almeida-sustentabilidade. pdf>. 101 p.

> Uma lógica em que o papel da empresa sai da aplicação de recursos em projetos sociais e segue para a integração com poder público e sociedade civil organizada em favor do desenvolvimento territorial sustentável. A idéia é que todos trabalhem juntos para estimular vocações locais e solucionar problemas através de ações estruturantes. Essa é a proposta da Parceria Social Público-Privada, a PSPP, que nasce hoje na forma de um projeto de lei em Minas Gerais. A PSPP demanda uma nova postura de empresas, governos e sociedade. Exige abertura ao diálogo para a construção de uma visão comum, sobre a qual integremos esforços em favor da geração de oportunidades locais e da melhor aplicação dos investimentos sociais privados e dos recursos gerados por impostos [15].

O projeto de lei citado por Roger Agnelli transformou-se no Decreto mineiro n°.45.488/2010, que estabelece as regras para a realização da parceria social público-privada (PSPP) e os objetos pretendidos pela lei [16].

Por fim, destaca Eduardo Augusto Dreweck Mota que o desenvolvimento da sociedade está interligado com o envolvimento das organizações privadas, na medida em que estas participam da construção de ações sociais locais e, "na busca de seus objetivos estratégicos de responsabilidade social e ambiental, constituem uma força de suporte financeiro, e até de embasamento técnico-empírico, que pode ser colocado a serviço do desenvolvimento do bem-estar social local" [17].

---

15 AGNELLI, Roger. Uma nova lógica de investimento social. Disponível em: <http://www.rumosustentavel.com.br/uma-nova-logica-de-investimento-social/>. Acesso em: 10 Mar. 2014.

16 MINAS GERAIS. Decreto nº 45.488, de 22 de outubro de 2010. Institui o Programa Estadual de Parcerias Sociais Público-Privadas e dá outras providências. Disponível em: <http://ws.mp.mg.gov.br/biblio/informa/291014023.htm>. Acesso em: 10 Mar. 2014.

17 MOTA, Eduardo Augusto Dreweck. *O papel das organizações no desenvolvimento sustentável: um olhar sob a perspectiva da responsabilidade social.* Disponível em: <http://www.unifae.br/ publicacoes/pdf/ sustentabilidade /eduardo_ oppapeldasorganizacoes.pdf>. Acesso em: 19 Dez. 2013.

6.2.1. Núcleo de Resolução de Conflitos Ambientais (NUCAM), iniciativa do Ministério Público de Minas Gerais (MPMG)

Segundo Carlos Eduardo Ferreira Pinto "nosso ordenamento jurídico assume grande relevância na implementação de um Estado de Direito Ambiental[18], na medida em que se busca a efetivação dos comandos e princípios elencados no art. 225 da Constituição Federal" [19].

Coordenador do Núcleo de Resolução de Conflitos Ambientais (NUCAM) [20] do Ministério Público de Minas Gerais (MPMG), para o Promotor Carlos Eduardo Ferreira Pinto, o objetivo do Núcleo é facilitar a busca pelo consenso e compatibilidade da proteção dos recursos naturais e o desenvolvimento econômico do estado.

O Ministério Público de Minas Gerais é referência não só no Brasil, mas em todo o mundo, quando se trata de políticas extrajudiciais de resolução de conflitos ambientais. Nesse sentido, a reorganização do Ministério Público de Minas Gerais para atuação por bacia hidrográfica e para proteção do meio ambiente natural, cultural e urbanístico foi o projeto vencedor, na categoria Ministério Público, do prêmio Innovare em 2010, cujo tema foi a desburocratização da Justiça: pesquisa e modernização da Justiça brasileira[21].

---

18 "Em linhas gerais, o Estado de Direito Ambiental pode ser compreendido como produto de novas reivindicações fundamentais do ser humano e particularizado pela ênfase que confere à proteção ambiental". LEITE, José Rubens Morato; AYALA, Patrycy de Araújo. *Dano Ambiental*. Do individual ao coletivo extrapatrimonial. 3. ed. Editora Revista dos Tribunais, p. 37.

19 PINTO, Carlos Eduardo Ferreira. A mercantilização do meio ambiente. Revista do Ministério Público de Minas Gerais. Edição Especial Meio Ambiente. Disponível em: <http://www.mpce.mp.br/orgaos/CAOMACE/pdf/artigos/MPMG.Juridico-A.valoracao.de.servicos.e. danos. ambientais.pdf >. Acesso em 30 Mar. 2014.

20 O núcleo funciona no 7º andar do Edifício Carlos Ferreira Brandão (Rua Dias Adorno, 367, Santo Agostinho, Belo Horizonte), sob coordenação do promotor de Justiça Carlos Eduardo Ferreira Pinto.

21 MINISTÉRIO PÚBLICO DE MINAS GERAIS. Ministério Público de Minas Gerais recebe o premio Innovare. Disponível em: <http://www-antigo.mpmg.mp.br/portal/public/noticia/index/id/20939>. Acesso em: 30 Mar. 2014.

Segundo o Ministério Público, o modelo implantado em Minas Gerais despertou o interesse do Banco Mundial, o que resultou em uma parceria pioneira no mundo.

A parceria entre Ministério Público e Banco Mundial só foi possível por duas razões. A primeira, por ser o Ministério Público de Minas Gerais, Estado com excelente e consolidada relação com o banco. Segundo, pelo o formato de atuação do MPMG por bacias hidrográficas ou temáticas, com indicadores de atuação em diversas áreas.

Segundo o Promotor Luciano Badini a parceria foi pioneira, pois, "há um equívoco das instituições em buscar recursos em organismos internacionais para estruturação material. Na verdade, os projetos devem ser direcionados para a produção de conhecimento" [22].

Segundo o coordenador do NUCAM, o Promotor de Justiça Carlos Eduardo Ferreira, o NUCAM é outro fruto da parceria com o Banco Mundial[23]. O promotor elegeu o convênio incrementado entre o MPMG e o Banco Mundial, em 2009, como o diferencial na expressiva profissionalização da área de meio ambiente. Esse acordo possibilitou investimentos na estruturação das Promotorias de Justiça e, sobretudo, no aperfeiçoamento de pessoal[24].

Na prática, o NUCAM possibilita o imediato acesso à Justiça, com a discussão e construção da melhor e mais justa decisão possível, diretamente entre os interessados: MPMG, os órgãos de defesa ambiental e empresas cuja atuação tenha influência no meio ambiente.

Com soluções mais rápidas, que evitam o processo judicial e a imposição de uma decisão unilateral, o desgaste entre sociedades empresariais e Ministério Público é menor.

De acordo com os dados da Superintendência de Comunicação Integrada do Ministério Público de Minas Gerais, em menos de um ano

---

22 MINISTÉRIO PÚBLICO DE MINAS GERAIS. Ministério Público de Minas Gerais recebe o premio Innovare. Disponível em: <http://www-antigo.mpmg.mp.br/portal/public/noticia/index/id/20939>. Acesso em: 30 Mar. 2014.

23 Em entrevista realizada com o presente autor, no dia 27 de marco de 2014, na sede do NUCAM.

24 BORGES, Mariângela. Meio ambiente protegido: atuação preventiva e resolutiva do MPMG preserva o patrimônio natural de Minas. Rede – *Revista Institucional do Ministério Público de Minas Gerais*. Ano IX – Edição 22 – março de 2014. p. 13.

o NUCAM já atuou em mais de 30 casos e obteve quase 100% de acordos, com a geração de 66 milhões de reais em medidas compensatórias para projetos ambientais e a destinação de 35 milhões de reais para a recuperação de áreas utilizadas por empreendimentos minerários[25].

O Núcleo de Resolução de Conflitos Ambientais foi criado pela Resolução PGJ 106/12, tendo como principal objetivo a busca pelo conhecimento especializado e imparcial de forma a fundamentar a utilização de defesa do meio ambiente.

O Núcleo busca promover a função preventiva da responsabilidade ambiental como um sistema integrado com os demais instrumentos de comando e controle do Estado, sobretudo com o estabelecimento de mecanismo céleres e eficazes de preservação dos recursos naturais.

Por meio de instrumentos extrajudiciais, como o compromisso de ajustamento de conduta; a recomendação e audiências públicas atuam de forma ágil na preservação do meio ambiente e efetivação de direitos fundamentais inerentes a vida com qualidade.

Por sua atuação e resultados, o NUCAM recebeu em 2013 a Menção Honrosa do Conselho Nacional do Ministério Público, que avalia as iniciativas de maior destaque no Banco Nacional de Projetos da Instituição[26].

O Conselho Nacional do Ministério Público ressaltou que a iniciativa pioneira de Minas Gerais visa compatibilizar atividades econômicas potencialmente nocivas com a proteção do meio ambiente, a partir de técnicas extrajudiciais de resolução de conflitos, reduzindo a judicialização de questões envolvendo o licenciamento de empreendimentos.

Atuando como defensor do Estado Democrático de Direito na efetivação dos direitos fundamentais, o NUCAM já demonstrou ser vi-

---

25 Foi por meio de um acordo com a Anglo Ferrous, por exemplo, que o MPMG conseguiu estabelecer obrigações e compensações para que o projeto Minas-Rio, que deve receber o investimento de mais de R$ 1,4 bilhão, pudesse prosseguir com a exploração de um conjunto de minas para a produção de 56,6 milhões de toneladas de minério de ferro, por ano, na região de Conceição do Mato Dentro. Disponível em: <http://www.mpmg.mp.br/areas-de-atuacao/defesa-do-cidadao/meio-ambiente/noticias/mpmg-inaugura-nucleo-de-resolucao-de-conflitos-ambientais.htm#Uz he6vldWSo>. Acesso em: 30 Mar. 2014.

26 Conselho Nacional do Ministério Público. Prêmio CNMP. Brasília: CNMP, 2013. p. 54.

ável a resolução de conflitos ambientais, de modo extrajudicial, sendo que seus acordos e termos de compromisso representam, indubitavelmente, uma excelente forma de acesso à Justiça.

Durante a entrevista com o Coordenador do NUCAM foi possível diagnosticar que, apesar de ter sido fomentado pelo Banco Mundial, uma organização internacional, os compromissos de ajustamento de conduta firmados pelo MPMG com empresas não fazem menção em sua fundamentação sobre relatórios ou acordos internacionais sobre meio ambiente.

Diante do exposto, não obstante o excelente trabalho desempenhado pelo Núcleo de Resolução de Conflitos Ambientais do Ministério Público de Minas Gerais, os relatórios internacionais sobre meio ambiente, bem como pareceres da International Law Association, por exemplo, inobstante não definirem penalidades para os casos de agressão ambiental, configuram-se como importantes diretrizes globais na preservação do meio ambiente que poderiam ser utilizadas como balizadores de acordos, refletindo mudanças globais de posicionamentos empresarial e de Estados.

7

Considerações finais

À guisa das considerações finais, entende-se que a sociedade empresária moderna não pode se furtar à responsabilidade ambiental, econômica e social inerente à sua atividade.

Nos capítulos anteriores, reflexões foram feitas acerca dos conceitos de *desenvolvimento sustentável* e *governança global* e da atuação empresarial ao longo das últimas quatro décadas, desde a realização da Conferência de Estocolmo, em 1972.

Constatou-se, ao longo do trabalho, que o conceito de desenvolvimento sustentável não só foi assimilado pelas sociedades empresárias, como as mesmas modificaram completamente seus modos de produção, bem como o relacionamento com o meio ambiente e a comunidade em que estão inseridas.

Demonstrou-se que a ética e a responsabilidade social empresarial, tão discutidas durante as grandes conferências mundiais sobre o meio ambiente, podem ser atestadas através de indicadores e relatórios de sustentabilidade nacionais e internacionais.

Dentre esses indicadores destacamos, no Brasil, o Índice de Sustentabilidade Empresarial da Bolsa de Valores, Mercadorias e Futuros de São Paulo e, internacionalmente, a *Global Reporting Iniciative*. Restou evidenciado que as empresas sustentáveis possuem maior destaque na sociedade civil, além de maior eficiência econômica, equilíbrio ambiental, justiça social e governança corporativa.

A *Global Reporting Initiative* foi pioneira e desenvolveu uma abrangente estrutura de relatórios de sustentabilidade, amplamente utilizada em todo o mundo, apresentando os valores da organização e do modelo de governança, e ela ainda demonstra a ligação entre a sua estratégia e seu compromisso com uma economia global sustentável.

As três grandes conferências mundiais da Organização das Nações Unidas sobre meio ambiente (Rio 92, Joanesburgo 2002 e Rio+20) foram responsáveis pela mudança do paradigma empresarial pautado, até então, unicamente pelo modo capitalista de produção em detrimento do meio ambiente. Ao final das três conferências, durante a Rio+20, já era nítida a mudança do setor empresarial.

As organizações não governamentais também auxiliaram na mudança do posicionamento do setor empresarial em todo o mundo. Organismos como o Programa das Nações Unidas para o Desenvolvimento (PNUD), *Coalition for Environmentally Responsible Economies* (CERES), **Conselho Empresarial Brasileiro para o Desenvolvimento Sustentável (CEBDS)** e World Business Council for Sustainable Development (WBCSD) não apenas colaboraram para a transformação do modo de agir empresarial, como também foram responsáveis por garantir que cada vez mais, empresas invistam em processos sustentáveis de produção.

Por fim, as pesquisas efetivadas levam a conclusão de que as sociedades empresárias são, atualmente, os grandes *players* da governança global. Se antes as empresas realizavam oposição à proteção ambiental e à questão da sustentabilidade, atualmente as sociedades empresárias são lideranças na efetivação dos direitos fundamentais.

Na busca pelo alcance em plenitude da governança global, sociedade civil e governos devem se unir para tentar solucionar problemas de amplitude mundial. Hodiernamente as sociedades empresárias são vistas como parceiras na construção da sustentabilidade, abarcando não apenas a proteção ambiental, mas também a geração de renda e recursos para a comunidade.

Os governos estão apoiando, incentivando e divulgando iniciativas empresariais que consideram a eco eficiência em seus processos produtivos. Parcerias entre Estados e sociedades empresárias, buscam incentivar o investimento social em favor do desenvolvimento territorial sustentável. Isto é *governança*, ou melhor, a tão citada *boa governança*.

Não obstante, toda a citação de bibliografia internacional e de grandes conferências mundiais – exemplos de sociedades empresárias que se destacam como *players* do *desenvolvimento sustentável*, liderando a efetivação de direitos fundamentais nas comunidades em que estão inseridas – pode ser vistas em Minas Gerais.

> Ações relacionadas a temas como gestão de resíduos, biodiversidade e eficiência energética podem ser reconhecidas como inovadoras em sustentabilidade. O programa realizado de forma conjunta pela Fundação

> Estadual do Meio Ambiente (Feam) e pela Federação das Indústrias do Estado de Minas Gerais (Fiemg) leva em consideração as ações de empresas que organizam seus processos produtivos de forma a garantir a menor degradação ambiental, evitar o desperdício, bem como controlar a poluição e aperfeiçoar serviços para uma utilização menos intensiva dos recursos naturais. **A primeira iniciativa reconhecida pelo programa propõe o reaproveitamento de rejeitos da mineração. A ação foi submetida pela empresa Minerita – Minérios Itaúna Ltda, situada no complexo minerário da Serra do Itatiaiuçu.** Receber a certificação "é o reconhecimento de um trabalho desenvolvido pela empresa que demandou muito estudo e esforço por parte de todos que trabalharam na implementação deste projeto, visando a sustentabilidade, a partir de um novo processo produtivo" (destacamos)[1].
>
> As estatísticas demonstram que empresas reconhecidas como sustentáveis têm as ações valorizadas no mercado de capitais e melhoram a imagem perante seus públicos de interesse. Referência no Brasil, **a Cemig é a única Empresa do setor elétrico presente há treze anos no Índice Dow Jones de Sustentabilidade**, do qual faz parte desde sua criação, em 1999, sendo já eleita líder mundial em sustentabilidade do supersetor de *utilities*. Para a **Cemig**, desenvolvimento sustentável é a busca de melhores condições de vida para a geração atual e para as gerações futuras. É a condução ética, transparente e rentável de seus negócios, respeitando o meio ambiente e atuando com responsabilidade social. Agindo dessa forma, a Cemig gera valor para os seus acionistas, consumidores e para toda a sociedade. (destacamos) [2].

Concluindo, os debates acerca do *desenvolvimento sustentável*, conceito criado internacionalmente, foram responsáveis por grandes mudanças de hábitos empresariais antigos.

Por fim, discorrendo acerca da necessidade de uma mudança de pensamentos, destacando o papel fundamental da ética ambiental, José Renato Nalini diz:

---

1 AGÊNCIA MINAS. *Banco de Boas Práticas Ambientais na Indústria certifica iniciativas desenvolvidas em Minas Gerais*. Disponível em: <http://www.agenciaminas.mg.gov.br /multimidia/galerias/banco-de-boas-praticas-ambientais-na-industria-certifica-iniciativas-desenvolvidas -em-minas-gerais-2/>. Acesso em: 19 Jan. 2014.

2 COMPANHIA ENERGÉTICA DE MINAS GERAIS – CEMIG. A CEMIG *e futuro: Sustentabilidade – o desafio de crescer de maneira sustentável.* Disponível em: <http://www.cemig.com.br/pt-br/A_Cemig_e_o _Futuro/sustentabilidade/Paginas/sustentabilidade.aspx>. Acesso em: 19 Jan. 2014.

> Somente uma conversão – ou uma reconversão ética – poderá inverter o círculo vicioso da inércia, da gastança, do desperdício, da instabilidade, para uma existência de zelo pela natureza. De uso responsável. De desenvolvimento sustentável. De sensibilidade ambiental. De amor à natureza e de amor ao próximo. De respeito à vida. De luta permanente para consecução de uma vida digna[3].

Não obstante a proteção ambiental ainda possa melhorar, as pesquisas realizadas demonstraram que a participação das sociedades empresárias na busca pela sustentabilidade é de grande importância para que se possa alcançar a governança global.

---

3 NALINI, Jose Renato. *Ética Ambiental*. 2ª ed. São Paulo: Millenium, 2003. p. XIX.

Referências

AGÊNCIA MINAS. Notícias do governo do estado de Minas Gerais [on line]. Belo Horizonte, Minas Gerais. *Banco de boas práticas ambientais na indústria certifica iniciativas desenvolvidas em Minas Gerais.* 17 Jan. 2014. Disponível em:<http://www.agenciaminas.mg.gov.br/multimidia/galerias/banco-de-boas-praticas -ambientais--na-industria-certifica-iniciativas-desenvolvidas-em-minas-gerais-2/>. Acesso em: 19 Jan. 2014.

AGENDA 21. *Conferência das Nações Unidas sobre Meio Ambiente e Desenvolvimento. Capítulo 40.* Brasília. Disponível em: <http://www.mma.gov. br/responsabilidade--socioambiental/agenda-21/agenda-21-global/item/720>. Acesso em: 15 Jan. 2013.

AGENDA 21. *Conferência das Nações Unidas sobre Meio Ambiente e Desenvolvimento.* Conselho Empresarial Brasileiro para Desenvolvimento Sustentável (CEBDS). Sugestões e estudos para a Agenda 21. Disponível em: <http://www.cebds.org.br/media/uploads/pdf-capas-sugestoes-estudos-pesquisas/ agenda_21.pdf>. Acesso em: 15 Dez. 2013.

AGNELLI, Roger. *Uma nova lógica de investimento social.* 30 Mar. 2010. Disponível em: <http://www.rumosustentavel.com.br/uma-nova-logica-de-investimento-social/>. Acesso em: 10 Mar. 2014.

ALBÉ, Maristela de Quadros. Alguns indicadores de sustentabilidade para os pequenos e médios produtores rurais do município de Jaquirana. *Fundação Liberato online,* Novo Hamburgo, RS. Disponível em: <http://www.liberato.com.br/ upload/arquivos/0131010716030816.pdf.> Acesso em: 15 Jan. 2013.

ALMEIDA, Fernando. *O bom negócio da sustentabilidade.* Bonsucesso: Nova Fronteira, 2002. 101 p. Disponível em: <http://www.fernandoalmeida.com.br/ livros/livro--fernando-almeida-sustentabilidade.pdf>. Acesso em: 12 Fev. 2013.

ALMEIDA, Gregório Assagra de. *Direito material coletivo: superação da summa divisio direito público e direito privado por uma nova summa divisio constitucionalizada.* Belo Horizonte: Del Rey, 2008. 645 p.

ALMEIDA, Gregório Assagra de. MECANISMOS PARA A SOLUÇÃO DE CONFLITOS. Rede – Revista Institucional do Ministério Público de Minas Gerais. Ano IX – Edição 22 – março de 2014. p. 13.

ASSIS, Fernando. *Uma boa prática de sustentabilidade.* Disponível em:<http://www.ubqjf.org.br/site/do.php?action=Blog&postpai=Fique%20por%20dentro&paginaRequerida=15>. Acesso em: 24 Jan. 2014.

AZEVEDO, Plauto Faraco de. *Ecocivilização: ambiente e direito no limiar da vida*. 2ª ed. rev. atualizada e ampliada. São Paulo: Revista dos Tribunais, 2008.

BENJAMIN, Antônio Herman. Constitucionalização do ambiente e ecologização da constituição brasileira. In: CANOTILHO, José Joaquim Gomes; LEITE, José Rubens Morato (org.). *Direito constitucional ambiental brasileiro*. São Paulo: Saraiva, 2007.

BICALHO. Ana Maria de Souza Mello. Desenvolvimento rural sustentável e geografia agrária. In: XII ENCONTRO NACIONAL DE GEOGRAFIA AGRÁRIA, 8., 1998.

BM & F BOVESPA. Bolsa de Valores, Mercadorias e Futuros de São Paulo. Índice de Sustentabilidade empresarial (ISE). *O que é ISE?* Arquivo eletrônico. São Paulo: [s.i.], [2012?]. Disponível em:<http://www.bmfbovespa.com.br/Indices/download/ ISE.pdf>. Acesso em 22 Out. 2013.

BRASIL. Ministério do Meio Ambiente. Assessoria de Assuntos Internacionais. Disponível em: <http://www.mma.gov.br/assuntos-internacionais/a-assessoria>. Acesso em: 30 Mar. 2014.

BULOS, Uadi Lammêgo. *Constituição federal anotada*. São Paulo, Saraiva, 2009.

CAPRA, Frijot. *Uma nova compreensão científica dos sistemas vivos*. São Paulo: Cultrix, 1996.

CARVALHO, Eduardo. Considerada fracasso na época, Rio 92 foi 'sucesso' para especialistas. *G1 Natureza Rio + 20*, Globo Natureza, São Paulo, 2012. Disponível em <http://www.mundosustentavel.com.br/2012/05/considerada-fracasso-na--epoca-rio-92-foi-sucesso-para-especialistas/> Acesso 15 Dez. 2013.

CAVALCANTI, Clovis. Sustentabilidade da economia: paradigmas alternativos da realização econômica. In: ____________ (org). *Desenvolvimento e natureza: estudo para uma sociedade sustentável.* São Paulo: Cortez; Recife, PE: Fundação Joaquim Nabuco. 1998.

COMISSÃO MUNDIAL SOBRE O MEIO AMBIENTE E O DESENVOLVIMENTO – CMMAD – *Nosso futuro comum. Rio de Janeiro: Fundação Getúlio Vargas, 1988.*

COMISSÃO SOBRE GOVERNANÇA GLOBAL. *Nossa Comunidade Global*. O Relatório da Comissão sobre Governança Global. Rio de Janeiro: Editora FGV, 1996.

COMPANHIA ENERGÉTICA DE MINAS GERAIS – CEMIG. A CEMIG e o futuro: Sustentabilidade – o desafio de crescer de maneira sustentável. Disponível em: <http://www.cemig.com.br/pt-br/A_Cemig_e_o_Futuro/sustentabilidade/Paginas /sustentabilidade.aspx>. Acesso em: 19 Jan. 2014.

CONSELHO EMPRESARIAL BRASILEIRO PARA O DESENVOLVIMENTO SUSTENTÁVEL. Relatórios de Sustentabilidade. Disponível em: <http://www.cebds.org.br/relatorios-de-sustentabilidade/>. Acesso em: 18 Dez. 2013.

CONSELHO EMPRESARIAL BRASILEIRO PARA O DESENVOLVIMENTO SUSTENTÁVEL. Boas práticas. Disponível em: <http://www.cebds.org.br/boas-praticas/>. Acesso em: 18 Dez. 2013.

CONSELHO EMPRESARIAL BRASILEIRO PARA O DESENVOLVIMENTO SUSTENTÁVEL. Guia Rio+20. Disponível em: <http://www.cebds.org.br/media/uploads/pdf/guia_riomais20.pdf>. Acesso em: 18 Fev. 2014.

CORDANI, Umberto G.; MARCOVITCH, Jacques; SALATI, Eneas. Avaliação das ações brasileiras após a Rio-92 . *Estudos Avançados*, [S.l.], v. 11, n. 29, p. 399-408, abr. 1997. ISSN 1806-9592. Disponível em: <http://200.144.183.67/eav/article/view/8988>. Acesso em: 15 Dez. 2013.

CORREA, Fabiano de Andrade. *Marcos jurídicos para o desenvolvimento sustentável: oportunidades e desafios da via regional*. Disponível em: <http://ictsd.org/i/news/pontes/178346/#sthash.ipA3FjWu.dpuf>. Acesso em: 15 Dez. 2013.

COSTA, Ligia Maura. *O papel dos fóruns internacionais no progresso do direito internacional do desenvolvimento sustentável*. Ciências Sociais Aplicadas em Revista – UNIOESTE/MCR – v. 11 – n. 20 – 1º sem. 2011 – ISSN 1679-348X.

DENTERS, Erik. Good governance and development cooperation: towards a global approach. In: *Ginther et al.*, p. 308-321. The Resolution is included as Appendix II to the book, p. 480-483)

DERANI, Cristiane. *Direito Ambiental Econômico*. São Paulo: Max Limonad, 1997. Passim.

DIAS NETO, Pedro Miron de Vasconcelos. *Da internacionalização à constitucionalização do direito ambiental sob a perspectiva do meio ambiente do trabalho*. Disponível em: <http://www.ambito-juridico.com.br/site/?n_link=revista _artigos leitura&artigo id=13243>. Acesso em: 02 Out. 2013.

DIEGUES, Antônio Carlos. *Desenvolvimento sustentável ou sociedades sustentáveis: da crítica dos modelos aos novos paradigmas*. São Paulo em Perspectiva. Desenvolvimento e Meio Ambiente. São Paulo, vol.6, n. 1 e 2, Jan./Jun. 1992, p. 26.

DINIZ, Eli. Governabilidade, Democracia e Reforma do Estado: Os Desafios da Construção de uma Nova Ordem no Brasil dos Anos 90. In: *DADOS – Revista de Ciências Sociais*. Rio de Janeiro, volume 38, nº 3, 1995.

DINIZ, Eli. Governabilidade, Democracia e Reforma do Estado: Os Desafios da Construção de uma Nova Ordem no Brasil dos Anos 90". In: *DADOS – Revista de Ciências Sociais*. Rio de Janeiro, volume 38, nº 3, 1995. p. 385-415 *apud* GONÇALVES, Alcindo. O conceito de governança. XIV Congresso do CONPEDI. Disponível em: <http://conpedi.org.br/manaus/arquivos/anais/XIVCongresso/078.pdf>. Acesso em: 05 Fev. 2014.

FERNANDES, Fábio. *Meio ambiente geral e meio ambiente do trabalho: uma visão sistêmica*. São Paulo: LTr, 2009.

FERREIRA, Aurélio B. de Hollanda. *Novo Dicionário da Língua Portuguesa.* 2. ed. Rio de Janeiro: Nova Fronteira, 1986. 1838 p.

FRIEDMAN, Milton. The Social Responsibility of Business is to Increase its Profits. *The New York Times Magazine,* September 13, 1970. Disponível em: <http://www.colorado.edu/studentgroups/libertarians/issues/friedman-soc-resp-business.html>. Acesso em 02 Nov. 2012.

FISCHER, Rosa Maria. *O desafio da colaboração: práticas de responsabilidade social entre empresas e o terceiro setor.* São Paulo: Gente, 2002.

FRANÇA, Júnia Lessa; VASCONCELLOS, Ana Cristina de. Colaboração: Maria Helena de Andrade Magalhães, Stella Maris Borges. Manual para Normalização de Publicações Técnico-Científicas. 8.ed. ver. e ampl. Belo Horizonte/MG: Ed. UFMG, 2007. 255 p.

FRIEDMAN, Milton. The Social Responsibility of Business is to Increase its Profits. *The New York Times Magazine,* September 13, 1970. Disponível em: <http://www.colorado.edu/studentgroups/libertarians/issues/friedman-soc-resp-business.html>. Acesso em 02 Nov. 2012.

FUNDAÇÃO GETÚLIO VARGAS. Consciência da Interdependência. Disponível em: <http://www.fdc.org.br/hotsites/mail/livro_sustentabilidade_poder/temas--emergentes/ dimensao-sociedade/consciencia-da-interdependencia.html>. Acesso em: 12 Fev. 2014.

FUNDAÇÃO GETÚLIO VARGAS. Intensificação da articulação entre Governo, Sociedade e Empresas. Disponível em: <http://www.fdc.org.br/hotsites/mail/livro _sustentabilidade_poder/temas-emergentes/dimensao-sociedade/intensificacao--da-articulacao-entre-governo-sociedade-e-empresas.html>. Acesso em: 12 Fev. 2014.

GINTHER, Konrad. Constitutional orders and sustainable development: the Southern African experience and prospects, p. 150-164.

GLOBAL GOVERNANCE. Our Global Neighborhood: The Report of the Commission on Global Governance. Disponível em <http://www.gdrc.org/u-gov/global-neighbourhood/index.htm>. Acesso em 11 mar 2014.

GLOBAL REPORTING INITIATIVE. Coalition for Environmentally Responsible Economies (CERES). Disponível em: <https://www.globalreporting.org/information /about-gri/what-is-GRI/Pages/default.aspx>. Acesso em: 09 Mar. 2014.

GLOBAL REPORTING INITIATIVE. Coalition for Environmentally Responsible Economies (CERES). Who we are? Disponível em: <http://www.ceres.org/about--us/who-we-are>. Acesso em: 08 Mar. 2014.

GLOBAL REPORTING INITIATIVE. About Sustainability Reporting. Disponível em: <https://www.globalreporting.org/information/sustainability-reporting/Pages/default. aspx>. Acesso em: 02 out 2013.

GONÇALVES, Alcindo. O conceito de governança. In: *Conselho Nacional de Pesquisa e Pós Graduação em Direito* – CONPEDI, Anais, 16 p. Manaus: 2005.

GRAU, Eros Roberto. *A Ordem Econômica na Constituição de 1988*. 11 ed. rev. e atual. SP: Malheiros. 2006.

GREEN MOBILITY. *O que é Global Reporting Iniciative (GRI)?* Disponível em: <http://greenmobility.wordpress.com/2008/07/23/o-que-e-gri/>. Acesso em: 02 Out .2013.

GUERRA, Signey. *Para uma nova governança global em matéria ambiental: a organização internacional do meio ambiente*. Disponível em: <http://publicacoes. unigranrio.edu.br/index.php/rdugr/article/viewFile/1108/659> Acesso em: 15 Dez. 2013.

International Law Association.New Delhi Declaration of Principles of International Law Relating to Sustainable Development. Disponível em <http://cisdl.org/tribunals/pdf/NewDelhiDeclaration.pdf>. Acesso em 03 fev 2013.

INSTITUTO BRASILEIRO DE GOVERNANÇA CORPORATIVA. *Origens da Governança Corporativa*. Disponível em: <http://www.ibgc.org.br/inter.php?id= 18166 > Acesso em: 15 Jan. 2014.

JOB, Ulisses da Silveira. Epitácio Pessoa e o direito internacional americano. In: FRANCA FILHO, M.T., MIALHE, J.L., JOB, U.S. (Org.) *Epitácio Pessoa e a codificação do direito internacional*. Porto Alegre: Sérgio Antonio Fabris ed., 2013.

KARABOLAD, Natália. *Os caminhos e desafios para governança global e a responsabilidade socioambiental como ferramenta à sustentabilidade*. Disponível em:<http://uniethos.org.br/_Uniethos/Documents/Os%20Caminhos%20e%20 Desafi os %20 para%20Governan%C3%A7a%20Global. pdf>. Acesso em: 08 Fev. 2014.

LAFER, Celso. *Mudam-se os tempos: diplomacia brasileira*. Brasília: FUNAG/IPRI 2002.

LAFER, Celso. *Rio+10: o Brasil na cúpula sobre desenvolvimento sustentável*. Disponível em: <http://www.faculdadeparque.com.br/ebooks/Rio_10_Brasil_cupula _desenvolvimento_sustentavel.pdf>. Acesso em: 13 Jan. 2014.

LAGO, André Aranha Corrêa do. *Estocolmo, Rio, Joanesburgo: O Brasil e as três conferências ambientais das Nações Unidas*. Brasília: Ministério das Relações Exteriores, 2006.

LAYRARGUES, Philippe Pomier. *Do ecodesenvolvimento ao desenvolvimento sustentável: evolução de um conceito?* Proposta, Rio de Janeiro, v. 24, n.71, 1997.

LEMOS JÚNIOR, Eloy Pereira. *Empresa & função social*. Curitiba: Juruá, 2009.

LISBOA, Roberto Senise. *Contratos difusos e coletivos: consumidor, meio ambiente, trabalho, agrário, locação, autor*. São Paulo: RT, 1997, p. 58 *apud* BARROSO, Lucas Abreu. *A matéria ambiental na perspectiva da bioética e do biodireito*. Disponível em: <http://lucasabreubarroso.blogspot.com.br/>. Acesso em: 21 Nov. 2012.

LOUETTE, Anne. Princípios e diretrizes internacionais. In: ____________ (Org.). *Gestão do conhecimento: compêndio para a sustentabilidade: ferramentas de gestão de responsabilidade socioambiental.* São Paulo: Antakarana Cultural Arte e Ciência, 2007.

LOURENÇO, Marcus Santos. *Questões técnicas na elaboração de indicadores de sustentabilidade.* Disponível em: <http://www.unifae.br/publicacoes/pdf/ sustentabilidade / marcus_lorenco.pdf>. .Acesso em: 15 Jan. 2013.

LOVELOCK, James. *'Gaia' scientist James Lovelock: I was 'alarmist' about climate change.* Disponivel em: <http://worldnews.nbcnews.com/_news/2012/04/23/11144098-gaia-scientist-james-lovelock-i-was-alarmist-about-climate--change?lite>. Acesso em: 09 Maio 2012.

MAIA, Heli de Souza. *Atividade empresária e sustentabilidade ambiental.* Rio de Janeiro: Livre Expressão, 2013.

MILARÈ, Edis. *Direito do Ambiente: Doutrina, prática, jurisprudência e glossário.* 4ª ed. São Paulo: Revista dos Tribunais, 2000.

MINAS GERAIS. Decreto nº 45.488, de 22 de outubro de 2010. Institui o Programa Estadual de Parcerias Sociais Público-Privadas e dá outras providências. Disponível em: <http://ws.mp.mg.gov.br/biblio/informa/291014023.htm>. Acesso em: 10 Mar. 2014.

MINISTÉRIO DO MEIO AMBIENTE. Plano de Implementação da Cúpula Mundial sobre Desenvolvimento Sustentável. Disponível em: <http://www.mma.gov.br/ estruturas/ai/_arquivos/pijoan.doc>. Acesso em: 08 Jan. 2013.

MOTA, Eduardo Augusto Dreweck. *O papel das organizações no desenvolvimento sustentável: um olhar sob a perspectiva da responsabilidade social.* Disponível em: <http://www.unifae.br/publicacoes/pdf/sustentabilidade/eduardo_oppapeldasorganizacoes.pdf>. Acesso em: 19 Dez. 2013.

NALINI, Jose Renato. *Ética Ambiental.* 2ª ed. São Paulo: Millenium, 2003. p. XIX.

NOGUEIRA, Vânia Márcia Damasceno. *Empresa e Direitos Fundamentais.* De Jure – Revista Jurídica do Ministério Público de Minas Gerais. Belo Horizonte: MPMG, 2011. n. 16. Jan/Jun 2011.

OLIVEIRA, José Antônio Puppimde. *Empresas na Sociedade.* Rio de Janeiro: Elsevier, 2008

ORGANIZAÇÃO DAS NAÇÕES UNIDAS – ONU. Declaração de Ban Ki-moon à Assembleia Geral da ONU sobre os resultados da Rio+20. Disponível em: <http://www.onu.org.br/rio20/tema/documento-final/>. Acesso em: 24 Jan. 2014.

ORGANIZAÇÃO DAS NAÇÕES UNIDAS – ONU. *Declaração de Joanesburgo sobre Desenvolvimento Sustentável.* Disponível em: <http://www.onu.org.br/rio20/img/2012/07/unced2002.pdf>. Acesso em: 18 Jan. 2014.

ORGANIZAÇÃO DAS NAÇÕES UNIDAS – ONU. *Declaração final da Cúpula dos Povos na Rio+20 por justiça social e ambiental em defesa dos bens comuns, contra a mercantilização da vida.* Disponível em: <http://cupuladospovos.org.br/wp-content/uploads/2012/06/Carta-final_Cupula-dos-Povos.pdf>. Acesso em 24 Jan. 2014.

ORGANIZAÇÃO DAS NAÇÕES UNIDAS – ONU. *Do Rio à Rio+20*. Disponível em: <http://www.onu.org.br/rio20/alem-da-rio20-avancando-rumo-a-um-futuro-sustentavel />. Acesso em: 24 Jan. 2014.

ORGANIZAÇÃO DAS NAÇÕES UNIDAS – ONU. *The Future We Want*. O futuro que queremos. Texto original em inglês. Disponível em: <http://www.uncsd2012.org/content/documents/727The%20Future%20We%20Want%2019%20June%20 1230pm.pdf>. Acesso em: 24 Jan. 2014.

ORGANIZAÇÃO DAS NAÇÕES UNIDAS – ONU. *O Futuro Que Queremos*. Disponível em: <http://www.onu.org.br/rio20/img/2012/01/OFuturoqueQueremos_ rascunho_zero.pdf>. Acesso em: 05 Mar. 2013.

ORGANIZAÇÃO DAS NAÇÕES UNIDAS – ONU. A Declaração do Rio sobre Meio Ambiente e Desenvolvimento. Disponível em: <http://www.onu.org.br / rio20 /img/ 2012/01/rio92.pdf>. Acesso em: 02 dez 2012. Trocar pelo de baixo

ORGANIZAÇÃO DAS NAÇÕES UNIDAS – ONU. *Conferência das Nações Unidas sobre o Meio Ambiente e Desenvolvimento*. Portal Brasil: Rio de Janeiro, 1992. Disponível em: <http://www.brasil.gov.br/sobre/meio-ambiente/iniciativas/acordos-globais>. Acesso em: 02 Ago. 2012.

ORGANIZAÇÃO DAS NAÇÕES UNIDAS – ONU. *A ONU e a Governança*. Disponível em: <http://www.onu.org.br/a-onu-em-acao/a-onu-em-acao/a-onu-e-a-governanca/>. Acesso em: 15 Dez. 2013.

ORGANIZAÇÃO DAS NAÇÕES UNIDAS – ONU. *Carta anual aos participantes do Pacto Global*. Disponível em: <http://unglobalcompact.org/docs/email_downloads/2010_12_15_ALs/AnnualLetter_2011_PT.pdf>. Acesso em: 18 Jan. 2014.

ORGANIZAÇÃO DAS NAÇÕES UNIDAS – ONU. *Pacto Global – Dimensões*. Disponível em: <http://unglobalcompact.org/Languages/portuguese/comunicaco _de_progresso.html>. Acesso em: 18 Jan. 2014.

ORGANIZAÇÃO DAS NAÇÕES UNIDAS – ONU. *Sustentabilidade Corporativa na Economia Global*. Disponível em: <http://unglobalcompact.org/docs/languages/portuguese/GC_Brochure_PT.pdf>. Acesso em: 12 Fev. 2014.

OTTONI, Davi Niemann. Direito fundamental ao meio ambiente ecologicamente saudável e equilibrado. Disponível em: <http://www.ambito-juridico.com.br/site/?n_ link=revista_artigos_leitura&artigo_id=11340&revista_caderno=5>. Acesso em: 30 Mar. 2014.

PADILHA, Norma Sueli. *Fundamentos Constitucionais do Direito Ambiental Brasileiro*. Rio de Janeiro: Elsevier, 2010.

PENIDO, Henrique Rocha. Biodiesel: debates e propostas. A inclusão social, a preservação ambiental e os ganhos econômicos. *Jus Navigandi*, Teresina, ano 10, n. 673, 9 maio 2005. Disponível em: <http://jus.com.br/artigos/6702>. Acesso em: 31 Out. 2012.

PESSOA, Maiana Alves. *A função social da empresa como princípio do direito civil constitucional.* Disponível em: <http://www.juspodivm.com.br/i/a/%7B87EEC8FE-FD48-47DE-BC41-8A0CBAEA9903%7D_funcao-social-empresa-maiana-alves.pdf>. Acesso em: 11 Out. 2013.

PIOVESAN, Flávia. Proteção internacional dos direitos humanos: desafios e perspectivas. *Diké – Revista Jurídica*, Departamento de Ciências Jurídicas UESC. Ilhéus. Ano 5, n.5. p. 93-110, jan-dez. 2003.

RADAR RIO+20 – *Histórico: As conferências da ONU e o Desenvolvimento Sustentável.* Disponível em: <http://www.radarrio20.org.br/index.php?r=conteudo/view&id=9# sthash.T4eoTCPq.dpuf>. Acesso em: 14 Dez. 2013.

ROSENAU, James. N; CZEMPIEL, Ernest-Otto. *Governança sem Governo: ordem e transformação na política mundial.* Brasília: Editora Universidade de Brasília, 2000.

SANTOS, Antônio Ricardo Surita dos. Os direitos ao meio ambiente equilibrado e ao desenvolvimento humano em conflito: um problema de sustentabilidade. *Jus Navigandi,* Teresina, ano 17, n. 3150, 15 fev. 2012. Disponível em: <http://jus.com.br/artigos/21073>. Acesso em: 02 Out. 2013.

SCHMIDHEINY, Stephan. *Mudando o rumo: uma perspectiva global sobre o desenvolvimento e meio ambiente.* Rio de Janeiro: Fundação Getúlio Vargas, 1992. p. XIII – VX. Declaração do Business Council for Sustainable Development.

SCHRIJVER, Nico. *Development without destruction: the Un and global resource management.* Bloomington/Indiana: Indiana University Press, 2010. 328 p. Disponível em: <http://www.globalpolicyjournal.com/blog/03/01/2014/book-review-development-without-destruction-un-and-global-resource-management-nico-s>.Acesso em: 08 Jun. 2013.

TEIXEIRA, Orci Paulino Bretanha. *O direito fundamental ao meio ambiente ecologicamente equilibrado como direito fundamental.* Livraria do Advogado Editora. Porto Alegre. 2006.

TELES, Giovanna Filomena Silveira. *A função social da empresa.* Disponível em: <http://blog.newtonpaiva.br/direito/wp-content/uploads/2012/08/PDF-D13-03.pdf>. Acesso em: 20 Dez. 2012.

UNESCO/COMISSÃO MUNDIAL DE CULTURA E DESENVOLVIMENTO. *Nossa diversidade criadora.* Brasília, Unesco Brasil e Papiros, 1.997.

VAN BELLEN, Hans Michael. *Indicadores de sustentabilidade: uma análise comparativa.* 1.ed. Rio de Janeiro: Fundação Getúlio Vargas, 2005. 256 p.

VATTEL, Emmerich de. *O direito das gentes ou princípios da lei natural aplicados à condução e aos negócios das nações e dos governantes.* Tradução de Ciro Mioranza. Introdução de Francesco Mancuso. Ijuí: Unijuí, 2008. 992 p.

VAZ, Isabel. Direito Econômico das Propriedades. Rio de Janeiro: Forense, 1992. p. 497.

VEIGA, José Eli. *A desgovernança mundial da sustentabilidade*. São Paulo: Editora 34, 2013. 152 p.

VIEIRA, Susana Camargo. .REPORT ON PARTICIPATION AT RIO+20. Disponível em: <http://www.ila-hq.org/download.cfm/docid/336969FE-F961-4370-8D69A555 AD 479C1B> Acesso em: 10 Set. 2012.

VIEIRA, Susana Camargo; *et al. Solid Waste Management. from unruled to legally sustainable management... but how to address the social consequences? A case study.* Disponível em: <http://tokyo2013.earthsystemgovernance.org/wp-content/uploads/2013/01/VIEIRA_ET-AL.pdf>. Acesso em: 15 Jul. 2013.

VIEIRA, Susana Camargo. "Good Governance" and Global change looking at agents in Brazil: Governance as a crosscutting theme in human dimensions science. *International Human Dimensions Programme Update*. EUA, Ed 3, ISSSN 1727-155X, Nov. 2009.

VIEIRA, Susana Camargo. Desenvolvimento sustentável. A evolução do conceito. *Jus Navigandi*, Teresina, ano 13, n. 1961, 13 Nov. 2008. Disponível em:<http://jus.com.br/artigos/11961>. Acesso em: 2 Ago. 2012.

VIEIRA, Susana Camargo. Governança e desenvolvimento sustentável: contribuições da sociedade civil internacional. p. 353. In: JUBILUT, Liliana Lyra. *Direito Internacional atual*. Rio de Janeiro: Elsevier, 2014.

VIEIRA, Susana Camargo. O componente direitos humanos do desenvolvimento sustentável: uma visão de direito internacional. In: SALIBA, Aziz Tuffi; ALMEIDA, Gregório Assagra de; GOMES JÜNIOR, Luiz Manoel (Org.). *Direitos fundamentais e sua proteção nos planos interno e internacional*. Belo Horizonte: Arraes Editores, 2010.

VIEIRA, Susana Camargo. Palestra para os alunos do Centro Universitário do Rio Grande do Norte (UNI-RN). In: *Abertura da UNI-SIM-RN*, 19 Set. 2013. Disponível em: <http://www.unirn.edu.br/2013/noticias.php?id=2100>. Acesso em: 10 Out. 2013.

VIEIRA, Susana Camargo. *Governance, Good Governance, Earth System Governance .and International Law*. Polish Yearbook of International Law. Warsaw, Polônia: 2012. Vol. 32. p. 111-127. ISSN 0554-498X.

WORLD BUSINESS COUNCIL FOR SUSTAINABLE DEVELOPMENT (WBCSD). Visão 2050 – No rumo da mudança. Disponível em: <www.cebds. org. br/media/uploads/pdf-capas-publicacoes-cebds/visao_2050.pdf>. Acesso em: 18 Dez. 2013.

Este livro foi impresso nas oficinas gráficas da Editora Vozes Ltda.,
Rua Frei Luís, 100 – Petrópolis, RJ.